Ullstein Sachbuch

Harold S. Kushner

Wenn Erfolg allein
nicht glücklich macht

Ullstein Sachbuch

Ullstein Sachbuch
Ullstein Buch Nr. 34647
im Verlag Ullstein GmbH,
Frankfurt/M – Berlin
Titel der amerikanischen
Originalausgabe:
When all you've ever wanted
isn't enough
Titel der deutschen Erstausgabe:
Auswege aus dem
Irrgarten des Lebens
Aus dem Amerikanischen übertragen von
Elke vom Scheidt
Bearbeitet von C. J. Frank

Ungekürzte Ausgabe

Umschlaggestaltung:
B., O. & R., Frankfurt
Unter Verwendung einer
Abbildung von The Image Bank
(Illustration: Katherine Arion)
Alle Rechte vorbehalten
© der amerikanischen Ausgabe
1986 by Kushner Enterprises, Inc.
erschienen bei Summit Books, New York
© der deutschen Ausgabe 1987 by
Tomus Verlag GmbH, München
Printed in Germany 1990
Druck und Verarbeitung:
Ebner Ulm
ISBN 3 548 34647 2

Mai 1990

CIP-Titelaufnahme
der Deutschen Bibliothek

Kushner, Harold S.:
Wenn Erfolg allein nicht glücklich macht /
Harold Kushner. [Aus d. Amerikan. übertr.
von Elke vom Scheidt]. – Ungekürzte
Ausg. – Frankfurt/M; Berlin: Ullstein,
1990
   (Ullstein-Buch; Nr. 34647:
   Ullstein-Sachbuch)
   Einheitssacht.: When all you've ever
   wanted isn't enough < dt. >
   ISBN 3-548-34647-2
NE: GT

Vorwort des deutschen Herausgebers

Je jünger Sie sind, desto größeren Nutzen werden Sie aus diesem Buch ziehen können. Es handelt von der Vergeblichkeit des Lebens, genauer gesagt: von der Erkenntnis eines Mannes in der Mitte, auf der Höhe seines Lebens, daß unser aller Streben nach Erfolg, nach Anerkennung nicht die Befriedigung verschafft, die wir alle uns davon erhoffen.

Der Titel der amerikanischen Originalausgabe WHEN ALL YOU'VE EVER WANTED ISN'T ENOUGH, der sich so nicht ins Deutsche übertragen läßt, deutet nur die Richtung an, in der Harold S. Kushner über den Sinn menschlichen Wirkens nachdenkt. Kushner fragt nicht nur, er bietet auch Antworten an, die in genau die Richtung weisen, in die es sich auch nach meiner Meinung zu gehen am meisten lohnt, wenn man alles erreicht hat und dennoch ein schaler Geschmack zurückbleibt.

Und die Antworten, nach denen wir bewußt oder nur aus einem Gefühl der Leere heraus intuitiv suchen, soll uns Europäern, die wir im christlichen Glauben verwurzelt sind, ausgerechnet ein Amerikaner geben können, dazu noch ein Jude, ein Rabbi, der doch ein sehr bestimmtes, gegenüber unseren Anschauungen ganz anderes Weltbild vertreten müßte?

Ja, und das ist das Erstaunliche, das Faszinierende an diesem Buch. Kushner stößt uns mit der Nase auf Erkenntnisse und Grundvoraussetzungen für ein uns stärker befriedigendes Leben, auf die wir eigentlich auch selber hätten kommen können. Nur fehlt uns zum Nachdenken gewöhnlich die Zeit – oder wir nehmen sie uns nicht.

C. J. Frank

Zum Gedenken an meine Eltern,
Julius Kushner (1900–1984)
und
Sarah Kushner (1905–1976),
die weiterleben.

Danksagungen

Es ist lange her, daß ich zum ersten Mal an diesem Buch
zu schreiben begann. Dank schulde ich vor allem meinem
überaus tüchtigen Lektor, Arthur H. Samuelson, der
schon bei meinem letzten Buch mit mir zusammen arbeitete. Er war es, der meinen Blick dafür schärfte, wie das
Buch aussehen mußte, das ich zu schreiben versuchte,
und er war es auch, der dafür sorgte, daß ich es tatsächlich
schrieb. Mein Dank gilt auch James Silbermann, dem
Verleger von *Summit Books,* der an mich glaubte und
mich beharrlich bei der Stange hielt, bis ich das Buch
geschrieben hatte, mit dem wir alle zufrieden sein konnten. Dank auch an die Mitglieder meiner Gemeinde vom
Tempel Israel in Natick, Massachusetts, die ihr Leben,
ihre Ängste und Sorgen mit mir geteilt haben, und an
meine Freunde, die mich anregten, die psychologisch-spi-
rituellen Schriften von Carl Gustav Jung zu lesen. Und ein
ganz besonderes letztes Wort der Hochachtung an meine
Frau Suzette, deren Optimismus und Ermutigung mich
auch dann weitermachen ließen, wenn mein eigener Optimismus versagte.

Harold S. Kushner

Inhalt

„Etwa ein Drittel meiner Patienten leiden nicht unter einer klinisch definierbaren Neurose, sondern unter der Sinnlosigkeit und Leere ihres Lebens. Dies kann als die allgemeine Neurose unserer Zeit beschrieben werden."

Carl Gustav Jung, *Modern Man in Search of a Soul* (in englischer Sprache verfaßt)

„Es ist alles ganz eitel, es ist alles ganz eitel."
Prediger Salomo, 1:2

Kapitel 1

Gibt es Dinge im Leben, die ich zwar hätte tun sollen, aber unterlassen habe?

Fragen Sie sich, fragen Sie irgendeinen Mann, was Ihnen, was ihm wichtiger ist: Geld zu verdienen oder für die Familie da zu sein. Ausnahmslos wird jeder ohne Zögern antworten: *Die Familie* ist mir das wichtigste! Doch sehen Sie sich bitte an, wie unsereins wirklich lebt. Wofür setzen wir unsere Zeit und unsere Energie tatsächlich ein? Keineswegs der angeblichen Überzeugung! Jeder von uns hat keinerlei Zweifel, daß er sich und seiner Familie dient, wenn er morgens noch früher zur Arbeit geht und abends noch erschöpfter nach Hause kommt. Man rackert sich ehrlich ab. Das schafft uns die Möglichkeit, den Lieben und uns selbst viel von dem zu kaufen, was angeblich – und die Werbung, der wir alle täglich ausgesetzt sind, bestärkt uns darin – zu besitzen wichtig ist.

Fragen Sie sich, fragen Sie irgendeine Frau, was Ihnen, was ihr mehr bedeutet: der Beifall Fremder oder die Zuneigung der Menschen, die ihr am nächsten stehen. Sie wird nicht verstehen, wieso Sie überhaupt solch eine Frage stellen! Selbstverständlich ist ihr niemand wichtiger als ihre Familie und ihre engsten Freunde. Doch wer von uns hat noch nie seine Kinder in Verlegenheit gebracht oder ihre Spontanität unterdrückt, weil er fürchtete, Nachbarn oder Fremde könnten einen falschen Eindruck gewinnen? Wie oft haben wir nach einem harten Arbeitstag oder nach Ärger unsere schlechte Laune an unseren Nächsten ausgelassen? Wer von uns hat noch nie seiner Familie gegenüber gereizt reagiert, z.B. weil er gerade Diät hielt, um einen besseren Eindruck vor Leuten zu machen, die ihn gar nicht gut genug kennen, um seine wirklichen Qualitäten hinter dem Äußeren erkennen zu können?

Fragen Sie irgend jemanden, was er sich vom Leben erhofft. Vermutlich wird er antworten: „Ich will nur eines: glücklich sein." Und das glaube ich ihm. Ich glaube, daß die meisten Menschen nichts als glücklich sein wollen. Ich glaube, daß sie hart dafür arbeiten, glücklich zu werden. Sie kaufen Bücher, besuchen Kurse und ändern ihre Lebensweise, weil sie sich dauernd bemühen, diesen schwer bestimmbaren Zustand zu erreichen: das Glück. Doch trotz allem hat mich das Leben gelehrt: Die meisten Menschen sind die meiste Zeit nicht glücklich.

Warum ist dieses Glücksgefühl wohl so undefinierbar und entzieht sich den Leuten, die im Leben das erreichen, was sie sich wünschen, genauso wie denen, die es nicht bekommen? Warum spüren Menschen, die eigentlich jeden Grund hätten, glücklich zu sein, überdeutlich, daß ihrem Leben etwas fehlt? Verlangen wir vielleicht zuviel vom Leben, wenn wir fordern: Ich will nichts als glücklich sein? Ist Glück – ähnlich der ewigen Jugend oder dem Perpetuum mobile – ein unerreichbares Ziel, egal wie hart wir dafür arbeiten? Oder könnten Menschen glücklich sein und fangen es nur falsch an?

Oscar Wilde schrieb einmal: „Auf dieser Welt gibt es nur zwei Tragödien. Die eine: das, was man sich wünscht, nicht zu bekommen, die andere: es zu bekommen." Er versuchte uns klarzumachen, daß der Erfolg nicht befriedigt, ganz gleich, wie hart wir dafür gearbeitet haben. Wenn wir vieles auf dem Altar des Erfolges geopfert haben, erkennen wir, daß Erfolg eigentlich gar nicht das war, nach dem wir strebten. Menschen mit Geld und Macht wissen mehr als Sie und ich. Sie wissen aus eigener Erfahrung: Geld und Macht stillen den unnennbaren Hunger der Seele nicht. Selbst die Reichen und Mächtigen stellen irgendwann fest, daß sie sich nach mehr sehnen. Wir lesen in den Illustrierten über ihre Familienprobleme. Wir verfolgen ihre – oft erfundenen – Konflikte im Fernsehen. Die Botschaft aber begreifen wir nie. Wir bilden uns ein, wir würden glücklicher sein, wenn wir besäßen, was sie haben. Egal, wie sehr wir uns anstrengen, beliebt zu sein, und wie gut uns das gelingt – offenbar erreichen wir nie den Punkt, an dem wir uns entspannen und das Gefühl haben können: Ich habe es geschafft! Wenn unser Gefühl für die eigene Identität von unserer Beliebtheit und der Meinung anderer Leute über uns abhängt, dann werden wir immer von diesen anderen Leuten abhängig sein. Sie haben jederzeit die Macht, uns den Boden unter den Füßen wegzuziehen.

Ich erinnere mich, daß ich von einem jungen Mann gelesen habe, der sein Zuhause verließ, um in Hollywood reich und berühmt zu werden. Als er sich aufmachte, hatte er drei Träume – seinen Namen in Leuchtschrift flimmern zu sehen, einen Rolls-Royce zu besitzen und eine Schönheitskönigin zu heiraten. Als er dreißig war, hatte er alle drei Träume verwirklicht, aber er war ein zutiefst deprimierter junger Mann, nicht mehr fähig, kreativ zu arbeiten, obwohl (oder vielleicht weil) alle seine Träume wahr geworden waren. Mit dreißig hatte er keine Ziele mehr. Was sollte er mit dem Rest seines Lebens anfangen?

In jüngster Zeit haben mehrere Autoren über das „Angeber-Phänomen" geschrieben und das Gefühl vieler scheinbar erfolgreicher Menschen geschildert, ihr Erfolg sei unverdient und eines Tages werde man sie als die Schwindler entlarven, die sie in Wahrheit seien. Trotz aller äußeren Anzeichen von Erfolg fühlen sie sich innerlich leer. Sie können nie ausruhen und das genießen, was sie erreicht haben. Sie brauchen einen neuen Erfolg nach dem anderen. Sie brauchen dauernd Bestätigung von den Menschen ihrer Umgebung, um die innere Stimme zum Schweigen zu bringen, die ständigt sagt: „Wenn andere dich so kennen würden wie ich, dann wüßten sie, was für ein Schwindler du bist."

Die Frau, die immer davon träumt, einen erfolgreichen Arzt oder Manager zu heiraten und in einer schicken Vorortvilla zu leben, macht vielleicht eine gute Partie – wohnt in ihrem Traumhaus und kann gar nicht verstehen, warum sie jeden Morgen herumläuft und sich sagt: „Ist das das ganze Leben? Es muß doch noch etwas anderes geben?" Sie verabredet sich mit Freundinnen zum Essen, arbeitet für wohltätige Zwecke, eröffnet womöglich eine Boutique und hofft, wenn sie ihre Zeit ausfülle, fülle sich auch die nagende Leere in ihrer Seele. Doch ganz gleich, wie geschäftig sie ist, der Hunger in ihr wird nicht gestillt.

Unsere Seelen hungern nicht nach Ruhm, Komfort und Reichtum oder Macht. Diese Errungenschaften schaffen fast genauso viele Probleme, wie sie lösen. Unsere Seelen hungern nach Sinn, nach dem Gefühl, daß wir unser Leben sinnvoll leben, so daß die Welt wenigstens ein bißchen verändert ist, weil wir in ihr gelebt haben.

Eines Tages las ich C. G. Jungs Aufsatz „Modern Man in Search of a Soul" (Der moderne Mensch auf der Suche nach einer Seele, im Original auf englisch verfaßt) und stieß auf einige Abschnitte mit verblüffenden Einsichten. Sie gaben mir das Gefühl, ein Mann, der gelebt hatte, ehe ich geboren wurde, kenne mich besser als ich mich selbst. Der erste Abschnitt lautete: „Etwa ein Drittel meiner Patienten leiden nicht unter einer klinisch definierbaren Neurose, sondern unter der Sinnlosigkeit und Leere ihres

Lebens. Dies kann als die allgemeine Neurose unserer Zeit beschrieben werden."

Ich mußte zugeben, daß er recht hatte. Er hatte für die achtziger Jahre genauso recht wie für die zwanziger und dreißiger Jahre, in denen er diese Zeilen schrieb. Was uns frustriert und unser Leben freudlos macht, ist dieses Fehlen von Sinn. Unser Leben geht weiter, Tag um Tag. Es mag erfolgreich oder erfolglos, voller Freude oder voller Sorgen sein. Aber hat es einen *Sinn?*

Ist das Leben mehr, als nur am Leben zu sein – zu essen, zu schlafen, zu arbeiten, Kinder zu haben? Sind wir nicht anders als Insekten und Säugetiere, außer daß wir die Fähigkeit haben, zu fragen: „Was bedeutet das Leben?" Und daß, soweit wir wissen, andere Geschöpfe dieses Problem nicht haben? Die Frage ist schwer zu beantworten, aber noch schwerer ist es, sich vor einer Antwort zu drücken. Ein paar Jahre lang können wir sie vielleicht aufschieben, solange wir mit Ausbildungs-, Karriere- und Heiratsproblemen beschäftigt sind. In diesen ersten Jahrzehnten haben andere Leute in unserem Leben mehr zu sagen als wir selbst. Aber früher oder später werden wir mit der Frage konfrontiert: Was soll ich mit meinem Leben machen? Wie soll ich leben, damit mein Leben mehr bedeutet als ein kurzes Aufflackern biologischer Existenz, das bald für immer verschwinden wird?

Der Kurator eines Schmetterlingsmuseums in South Wales machte mich einst mit dem „Falter ohne Mund" bekannt, einer Raupenart, die ihre Eier legt und sich dann in einen Falter verwandelt, der kein Verdauungssystem, also keine Möglichkeit hat, Nahrung zu sich zu nehmen, so daß er binnen weniger Stunden verhungert. Die Natur hat diesen Falter dazu bestimmt, sich fortzupflanzen, Eier zu legen und das Leben der Art weiterzugeben. Sobald er das einmal getan hat, gibt es keinen Grund mehr für sein Weiterleben. Also ist er zum Sterben programmiert. Sind wir auch so? Leben wir nur, um Kinder zu zeugen, zu gebären und um die menschliche Rasse am Leben zu erhalten? Und ist es, wenn wir das getan haben, unser Schicksal, zu verschwinden und der nächsten Generation Platz zu machen? Oder hat unsere Existenz über das bloße Dasein hinaus noch einen Zeck? Spielt es eine Rolle, daß wir leben? Würde unser Verschwinden die Welt ärmer oder nur weniger überfüllt zurücklassen? Wie Jung richtig begriff, sind dies keine abstrakten Fragen für eine Konversation bei einer Cocktailparty. Es sind verzweifelt dringende Fragen. Wir werden krank und einsam und bekommen Angst, wenn wir sie nicht beantworten können.

Eines Abends saß mir in meinem Arbeitszimmer ein Mann gegenüber. Er hatte mich am Vortag angerufen und um einen Termin gebeten. Er wirkte beunruhigt und hatte nur gesagt, er habe eine religiöse Frage mit mir zu besprechen. Bei meiner Arbeit kann eine religiöse Frage alles Mögliche bedeuten, von der Frage, warum Gott das Böse zuläßt, bis zu der, wo die Eltern des Bräutigams während der Trauungszeremonie stehen. Nach einigen ziemlich vagen Bemerkungen über seine Kindheit und seine frühe religiöse Unterweisung sagte er mir, was er auf dem Herzen hatte.

„Vor zwei Wochen war ich zum ersten Mal in meinem Leben bei der Beerdigung eines Mannes in meinem Alter. Ich kannte ihn nicht sehr gut, aber wir arbeiteten zusammen, sprachen von Zeit zu Zeit miteinander, hatten Kinder im gleichen Alter. Er starb plötzlich an einem Wochenende. Einige von uns gingen zur Beerdigung, und jeder dachte: Das hätte genausogut ich sein können. Das war vor zwei Wochen. Im Büro haben sie ihn schon ersetzt. Wie ich höre, zieht seine Frau von hier fort, um bei ihren Eltern zu leben. Vor zwei Wochen arbeitete er noch ein paar Meter von mir entfernt, und jetzt ist es, als hätte er nie existiert. Es ist, als wäre ein Stein in einen Teich gefallen. Ein paar Sekunden lang kräuselt sich das

Wasser, dann ist es wieder ruhig wie vorher, nur der Stein ist nicht mehr da. Rabbi, ich habe seither kaum geschlafen. Ich muß dauernd daran denken, daß mir das auch passieren könnte, daß es eines Tages passieren *wird,* und ein paar Tage später werde ich vergessen sein, als hätte ich nie gelebt. Sollte das Leben eines Menschen nicht mehr sein als das?"

Wenn in einem Wald ein Baum umstürzt und kein Ohr da ist, um ihn zu hören, verursacht er dann ein Geräusch? Wenn ein Mensch lebt und stirbt und niemand davon Notiz nimmt, wenn die Welt weitergeht wie immer, war dieser Mensch dann jemals wirklich lebendig?

Ich bin überzeugt, daß es nicht die Todesfurcht ist, die Furcht davor, daß unser Leben endet, die uns den Schlaf raubt, sondern vielmehr die Angst, unser Leben sei bedeutungslos gewesen und für die Welt könnten wir genausogut nie gelebt haben. Was uns in unserem Leben fehlt, ganz gleich, wieviel wir besitzen, ist dieses Gefühl von Sinn.

Wir können alles haben, was auf unserer Wunschliste steht, und uns dennoch leer fühlen. Wir können in unserem Beruf an die Spitze gelangt sein und doch spüren, daß etwas fehlt. Wir mögen wissen, daß Freunde und Bekannte uns beneiden, und dennoch das Fehlen eines echten Lebensinhalts beklagen. Bei uns in den USA ist es üblich, sich einem „Seelendoktor" anzuvertrauen, der uns helfen soll, die Leere in uns zu füllen und unser Leben auf festen Grund zu stellen.

Die ursprüngliche, wörtliche Bedeutung von „Psychotherapie" ist schließlich die „Pflege und Heilung von Seelen", und gerade unsere Seelen sind es, die gepflegt werden müssen. Mir persönlich hat eine solche Therapie Nutzen gebracht in Zeiten meines Lebens, in denen die Probleme mich überforderten und ich einen erfahrenen, außenstehenden Beobachter brauchte, der mir sagte, wo ich mir selbst das Leben schwermachte. Er mußte mich darauf hinweisen, daß ich es vermied, gewissen Wahrheiten ins Gesicht zu sehen.

Außerdem habe ich die Einsichten der Psychologie und Psychotherapie dazu benutzt, meine Predigten zu verbessern und die Probleme von Mitgliedern meiner Gemeinde lösen zu helfen. Ich weiß, daß Therapie wertvoll ist und ihre Verdienste hat. Doch die Verdienste therapeutischer Behandlung liegen eher in dem Versuch der Anpassung an Bestehendes, Vorgegebenes. Visionen einer Welt, die noch nicht existiert, kann sie nicht vermitteln.

Ein geschickter Therapeut vermag einige der emotionalen Knoten zu entwirren, in die wir uns verstrickt haben. Er kann einige der Hindernisse ausräumen, die zwischen uns und dem Glück stehen. Er kann unser Elend lindern – aber glücklich machen kann er uns nicht. Bestenfalls gelingt es ihm, uns aus einer seelisch bedrückenden, negativen Situation wieder an den Ausgangspunkt zurückzubringen. Er kann unsere Fähigkeit freisetzen, sinnvoll zu leben. Weiter aber kann er uns nicht führen.

Wenn Mitglieder meiner Gemeinde mit persönlichen Problemen zu mir kommen, weise ich sofort darauf hin, daß ich kein ausgebildeter Therapeut bin. Viele der Fähigkeiten eines professionellen Therapeuten besitze ich nicht.

Doch ich kann etwas anbieten, was der Therapeut nicht anzubieten in der Lage ist: eine Definition richtigen und falschen Lebens und die Freiheit, ihre Handlungen zu beurteilen und ihnen zu sagen, was falsch daran ist, moralisch falsch, kurz: was sie klugerweise hätten anders und besser tun sollen.

Es gibt ein altes jüdisches Sprichwort: „Für einen Wurm in einem Meerettich ist die ganze Welt Meerettich." Wenn wir nie eine Alternative kennengelernt haben, nehmen wir an, daß die Art unseres Lebens mit all ihren Frustrationen die einzige Art zu leben ist. Wir gelangen zu der Überzeugung, Verkehrsstauungen und Luftverschmutzung hätten immer zum Leben gehört.

Psychotherapie kann uns helfen, uns über die Tatsache klarzuwerden, daß die Welt, in der wir leben, Meerrettich ist. Sie kann uns lehren, uns dieser Welt anzupassen und weniger von ihr frustriert zu werden. Aber sie kann uns von nichts überzeugen, das wir nie gesehen oder gefühlt haben. Die Psychologie kann uns zur Normalität zurückführen. Die Hilfe jedoch, die wir brauchen, um unserer Rolle als Mensch gerecht zu werden, müssen wir anderswo suchen.

Die Frage, ob das Leben einen Sinn hat, ob wirklich etwas an unserem individuellen Leben liegt, ist eine religiöse Frage.

Dabei geht es nicht um Glauben, um den Besuch von Gottesdiensten. Es geht vielmehr um die letzten, die wichtigsten Werte und Belange. Die Frage hat einen religiösen Hintergrund, weil sie am Ende allen Lernens steht. Sie stellt sich Ihnen, sobald Sie alle Probleme gelöst haben, die gelöst werden können. Religion konzentriert sich auf den Unterschied, der zwischen menschlichen Wesen und allen anderen Geschöpfen besteht, auf die Suche nach einem Ziel: daß wir unser Leben sinnvoll machen, indem wir uns diesem Ziel verpflichten.

Die amerikanische Unabhängigkeitserklärung garantiert jedem Amerikaner das Recht, nach Glück zu streben. Aber weil die Unabhängigkeitserklärung ein politisches und kein religiöses Dokument ist, warnt sie die Amerikaner nicht vor den Frustrationen bei dem Versuch, dieses Recht auszuüben. Denn das Streben nach Glück ist das falsche Ziel. Man wird nicht glücklich, wenn man nach Glück strebt. Man wird glücklich, wenn man Sinnvolles anstrebt.

Die glücklichsten Menschen, die Sie kennen, sind wahrscheinlich nicht die reichsten oder berühmtesten und bestimmt auch nicht all diejenigen, die das Glück erzwingen wollen, indem sie irgendwelche Artikel lesen, Bücher zum Thema kaufen und stets die neueste Mode mit dem Vorsatz mitmachen, glücklich zu werden. Ich vermute, daß die glücklichsten Menschen, die Sie kennen, diejenigen sind, die sich darum bemühen, freundlich, hilfsbereit und zuverlässig zu sein; das Glück wird Teil ihres Lebens, während sie diese Eigenschaften zu verwirklichen suchen. Man wird nicht glücklich bei dem dauernden Versuch, dem Glück nachzulaufen. Es darf stets nur ein Nebenprodukt sein, nie das eigentliche Ziel. Das Glück ist, merken Sie sich das bitte, ein Schmetterling – je mehr Sie ihm nachjagen, desto häufiger fliegt er davon und versteckt sich. Doch wenn Sie aufhören, ihm nachzujagen, wenn Sie Ihr Netz weglegen und sich mit anderen, produktiveren Dingen als dem Streben nach persönlichem Glück beschäftigen, fliegt es Sie von hinten an und setzt sich auf Ihre Schulter.

Um Jung ein zweites Mal zu zitieren: „Wir übersehen die eine wesentliche Tatsache, daß die Errichtung des sozialen Zieles auf Kosten der Persönlichkeit erfolgt. Viele Aspekte des Lebens, um die man sich hätte bemühen können, bleiben in den Rumpelkammern verstaubter Erinnerung liegen." (C. G. Jung, „Die Lebenswende" in *Seelenprobleme der Gegenwart*, Zürich 1931, S. 231)

Als ich diesen Satz gelesen hatte, beschäftigte ich mich mit ihm und hatte das plötzliche Gefühl, mir einer Wahrheit bewußt zu werden, die ich eigentlich immer schon gekannt hatte, mir aber um keinen Preis hatte eingestehen wollen. Erst jetzt, mit Ende vierzig, konnte ich ihr ins Gesicht sehen. Wie so viele Menschen war ich in gewissen Bereichen meiner Arbeit recht tüchtig geworden, aber um den Preis, meine Persönlichkeit zu verfälschen. Meine Familie, mein eigenes Gefühl von Ganzheit hatten den

Preis bezahlt, doch die Gesellschaft im allgemeinen schätzte dieses Ungleichgewicht so hoch ein, daß es mir gelang, nicht zu merken, was ich tat. Ihre Zustimmung, ihr Lob und ihre Anerkennung übertönten die leise, kleine Stimme in mir, die mir sagte, ich versäumte etwas.

Ich erinnerte mich der zahllosen Abende, an denen ich mir hatte einreden lassen, es sei wichtiger, an einer Komiteebesprechung teilzunehmen (zum dritten Mal in einer Woche), als zu Hause bei meiner Familie zu sein, und das Komitee könne ohne mich unmöglich funktionieren. (Erst Jahre später sagte ein Freund, ebenfalls ein Geistlicher, zu mir: „Gott mag dich benutzen, aber Er braucht dich.") Ich dachte daran, wie oft ich eine Beratung zu einem Termin ansetzte, der für den Anrufer bequem war, mich aber um das Abendessen brachte. Vor einigen Jahren wurde ich eingeladen, zur Abschlußklasse eines Rabbinerseminars zu sprechen. Ich sagte zu diesen jungen Menschen, die im Begriff waren, eine Laufbahn im Rabbinat einzuschlagen: „Es wird Freitagabende geben, an denen ihr eure Familie beim Abendessen zur Eile drängt, damit ihr rechtzeitig zu einem Gottesdienst kommt, bei dem ihr eine Predigt über den Sabbat als ungestörte Familienmahlzeit haltet. Es wird Tage geben, an denen ihr ein krankes Kind oder ein Kind, das sich auf eine Prüfung vorbereitet, zu Hause allein laßt, um der Jugendgruppe des Tempels religiöse Werte nahezubringen. Es wird Sonntage geben, an denen ihr ein Picknick mit der Familie absagt, um ein Begräbnis abzuhalten, bei dem ihr den Verstorbenen als einen Mann lobt, der nie zuließ, daß sein Beruf seine Verpflichtungen gegenüber seiner Familie störte. Und am schlimmsten ist, daß ihr, während ihr das tut, nicht einmal merken werdet, was ihr tut."

Ich erinnere mich, daß ich ein Interview mit einem der erfolgreichsten Autohändler der USA las, in dem er das Geheimnis seines Erfolgs verriet: „Ich behandle jeden, der in meinen Ausstellungsraum kommt, wie meinen besten Freund. Ich suche zu erfahren, wofür er sich interessiert und wie er seinen Lebensunterhalt verdient. Was immer es sein mag, ich tue so, als interessiere auch ich mich dafür, und fordere ihn auf, mir davon zu erzählen. Wenn ich damit fertig bin, hat er keinen anderen Wunsch mehr, als ein Auto von mir zu kaufen."

Ich dachte bei mir: Wie traurig, so seinen Lebensunterhalt verdienen zu müssen, so lange so zu tun, als möge man alle Welt, bis man vergißt, was man wirklich fühlt, wenn man echte Freude an der Gesellschaft eines Freundes hat und ihn nicht nur als potentiellen Kunden betrachtet. Erfundene Gefühle (Welche Empfindungen werden jetzt von mir erwartet?) ersetzen echtes Gefühl (Was empfinde ich wirklich für diesen Menschen?), bis wir gar nicht mehr merken, was wir eigentlich fühlen. Vielleicht ist das der Grund, warum es im Leben der heutigen Amerikaner so viel geheuchelte Geselligkeit und so wenig echte Freundschaft gibt.

Und das schlimmste ist, daß die Gesellschaft diesem Ungleichgewicht Beifall zollt, uns für unsere finanziellen Erfolge ehrt und für unser Selbstopfer lobt. „Man übersieht dabei die eine wesentliche Tatsache, daß die Errichtung des sozialen Zieles auf Kosten der Schwächung der Persönlichkeit erfolgt." Kräfte in der Gesellschaft wollen nicht zulassen, daß wir ganze Menschen werden, weil wir ihnen nützlicher sind, wenn ein kleiner Teil von uns überentwickelt ist. Wie Jagdhunde, die darauf trainiert sind, Wildvögel in der Schnauze zurückzubringen, ohne einen Bissen davon zu nehmen, sind wir für die Gesellschaft dann nützlich, wenn wir unsere eigenen, gesunden Instinkte verleugnen.

Dieses Buch gibt keine Ratschläge, wie man glücklich oder beliebt wird. Das ist Thema vieler anderer Bücher. Mein Buch sagt zwar auch, wie man erfolgreich ist, aber nicht in dem Sinne, in dem die meisten Leute dieses Wort interpretieren. Es behandelt den zentralen Punkt, um den es wirklich geht: Wie schärft man sein Bewußtsein dafür, sich als Mensch zu bewähren? Wie stellt man es an, mehr als nur ein Falter zu sein, der nur einen Augenblick lebt und dann verschwindet? Wie erfährt man, ob man so lebt, wie ein menschliches Wesen leben sollte, und ob man sein Leben nicht verschwendet? Das Buch rät Ihnen, wie Sie Ihrem Leben Sinn geben können, wie Sie das Gefühl gewinnen können, Ihre Zeit auf Erden gut genutzt und nicht vergeudet zu haben. Es handelt davon, daß die Welt anders sein wird, weil *Sie* in ihr gelebt haben. Es ist ein Buch eines Mannes, der die mittleren Jahre erreicht hat. Ich sage Ihnen einige Dinge, die ich heute weiß und von denen ich wünschte, ich hätte sie gewußt, als ich jünger war.

Mein voriges Buch „Wenn guten Menschen Böses widerfährt" wurde geschrieben, um Menschen zu helfen, mit jener Art von erschütternder Tragödie fertig zu werden, die das Leben des Individuums in zwei Abschnitte teilt: vor und nach einem schrecklichen, das Dasein verändernden Augenblick. Der Gedanke an eine solche Tragödie – der Tod eines geliebten Menschen, an einen Unfall, der jemanden zum Krüppel macht, die Diagnose einer unheilbaren Krankheit – läßt einen nie mehr los. Man kann nicht dagegen an, man muß sich einfach damit auseinandersetzen und herauszufinden versuchen, ob eine solche Tragödie unser Leben veränderte.

Dieses Buch wurde geschrieben, um Menschen zu helfen, mit einer anderen, subtileren Art von Tragödie fertig zu werden: der Krankheit, die von Langeweile, Sinnlosigkeit, dem Gefühl der Eitelkeit und Zwecklosigkeit unseres Lebens ausgelöst wird. In gewisser Hinsicht ist das noch ein schwierigeres Problem, denn wir erkennen nicht immer, daß wir davon betroffen sind. Es nimmt von uns unbemerkt Besitz, entzieht unserem Leben Freude und Würze. Und wenn wir endlich aufwachen und merken, was los ist, kann es zu spät sein, um noch etwas dagegen zu tun. Dieses Buch will uns alle gegen die Angst wappnen, daß wir einfach nur so in den Tag hineinleben und irgendwann sterben, ohne daß unser Leben oder unser Sterben für die Welt von Wichtigkeit ist.

Als ich anfing zu schreiben, wollte ich eigentlich ein ganz anderes Buch verfassen, ein möglichst objektives Buch über die Probleme anderer Menschen, voller Lösungsvorschläge. Ich schrieb eine Weile, ehe ich merkte, daß etwas Entscheidendes fehlte. Ich erkannte, daß ich dieses Buch aus meinen eigenen Problemen und meiner eigenen Verwirrung heraus schreiben mußte, nicht aus der anderer Leute. Es mußte wieder wie bei meinem vorigen ein sehr persönliches Buch werden: Es galt, nicht abstrakt über die Suche des Menschen nach mehr Sinn zu schreiben, sondern konkret über meine ganz persönliche Suche mit all ihren Fehlern und Frustrationen.

Drei Dinge sind mir in den letzten fünf Jahren zugestoßen, die meine Sicht auf das Leben verändert haben. Zuerst schrieb ich ein Buch über den Tod unseres vierzehnjährigen Sohnes nach einer unheilbaren Krankheit und darüber, wie es mir gelang, dieses Schicksal anzunehmen und zu überleben. Ich schrieb es aus meinem eigenen Bedürfnis heraus, die Geschichte zu erzählen, ohne zu erwarten, irgend jemand außer einige wenige Freunde werde es jemals lesen. Zu meinem Erstaunen (und zum Erstaunen der beiden Verleger, die es zuerst lasen und ablehnten) wurde es ein internationaler Bestseller. Jahre später erhalte ich noch immer anerkennende Briefe von Menschen, die darin Hilfe und Trost fanden. Der Erfolg des Buches brachte mir einen gewissen Ruhm und Wohlstand, sorgte dafür, daß ich einige Jahre lang sehr viel zu tun hatte, und belastete meine Gesundheit, meine Familie und meine anderen Aktivitäten, die nichts mit dem Buch zu tun hatten. Aber mehr als alles andere zwang der Erfolg mich, das Wünschenswerte vom Unerwünschten zu trennen. Immer wieder mußte ich mir die Frage stellen: „Ist es das, was ich wirklich vom Leben will?" Manchmal war die Antwort ein nachdrückliches *Ja,* manchmal ein widerwilliges *Nein.* Doch so oder so, ich mußte mich dieser Frage mit einer Intensität annehmen, wie ich sie nie zuvor gekannt hatte. Ich mußte entscheiden, wie ich meine begrenzte Zeit und Energie verwenden wollte und was den Menschen von mir in Erinnerung bleiben sollte. Die Fehler, die ich beging, und die Lektionen, die ich lernte, während ich diese Fragen zu beantworten suchte, bilden das Kernstück dieses Buches.

Das zweite Ereignis war der Tod meines Vaters kurz vor seinem vierundachtzigsten Geburtstag; er zwang mich, mich mit dem Sterben auseinanderzusetzen, mit der Frage der Sterblichkeit, seiner und meiner. Mir wurde bewußt: Auch das längste und erfolgreichste Leben geht eines Tages zu Ende. Keinen Tag meines Lebens war ich ohne meinen Vater gewesen, und nun mußte ich die Bilanz seines Lebens ziehen und sehen, was unter dem Strich übrig blieb. Mein Vater war viele Jahre ein sehr aktiver, erfolgreicher Mann gewesen. Nun konnte ich erleben, welche seiner Leistungen mit ihm vergingen, welche blieben und ihn gewissermaßen unsterblich machten. Der Tod meines Vaters versetzte mich darüber hinaus in die älteste Generation; ich war nun nach menschlichem Ermessen der nächste in der Reihe. Es wurde Zeit für mich, darüber nachzudenken, welche Aspekte meines Lebens mich überdauern und meinen Namen und mein Andenken lebendig halten konnten.

Und drittens wurde ich während der Arbeit an diesem Buch fünfzig Jahre alt. Als junger Mann hatte ich nie die Angst vieler Leute, dreißig oder vierzig zu werden und nicht mehr jung zu sein. Schließlich komme ich aus einer jüdischen Tradition, die Weisheit und Reife mehr achtet als die Frische und Vitalität der Jugend. Ich fand, vierzig sei ein gutes Alter für jemanden, der anderen predigt, wie man leben sollte. Fünfzig aber schien mir schrecklich alt, dem Ende des Lebens beunruhigend viel näher als dem Beginn. Keine Lektüre hatte mich auf die Überraschung vorbereitet, fünfzig zu werden. Dabei war es so einfach! Ich finde mich heute sehr viel gefestigter und vermag sehr viel besser einzuschätzen, wer ich bin, als bei Meilensteinen meines Lebens, die ich früher erreichte. Mit dreißig und sogar auch mit vierzig stellten sich mir noch die Fragen, was aus meinem Leben werden würde. Mit dreißig befanden sich meine Frau und ich noch mitten im Prozeß der Familienplanung, der Überlegung, Kinder zu haben. Das Lehrlingsstadium meiner Laufbahn lag noch nicht hinter mir, noch diente ich als Rabbinatsassistent einer großen Vorstadtgemeinde. Mit fünfunddreißig war ich ehrgeizig und rastlos, hin und her gerissen zwischen den Anforderungen meines Berufes und meiner Familie, die miteinander in Konflikt gerieten. Mit vierzig kämpfte ich gegen die Erkenntnis an, daß einige meiner persönlichen und beruflichen Träume sich nie erfüllen würden. Ich lehnte mich gegen die Ungerechtigkeiten auf, mit denen jeder immer wieder im Leben konfrontiert wird, und war einfach nicht bereit, sie zu akzeptieren.

Doch nun bin ich fünfzig. Die meisten großen Fragen meines Lebens sind beantwortet, einige zu meiner Zufriedenheit, andere nicht. Ich bin zuversichtlich, daß das Leben noch einige angenehme Überraschungen für mich bereithält, und ich hoffe, daß ich nicht aufhöre, an meinen Aufgaben zu wachsen. Die Stürme und Ungewißheiten, die in mir tobten, als ich jünger war, scheinen sich jedoch gelegt zu haben.

Das Bedürfnis nach sinnvollem Leben ist kein biologisches Bedürfnis wie das nach Nahrung und Luft. Es ist auch kein psychologisches wie das Bedürfnis nach mehr Anerkennung. Es ist ein religiöses Bedürfnis, ein elementarer Durst unserer Seele. Also müssen wir uns auf der Suche nach Antworten jetzt der Religion zuwenden.

Kapitel 2

Das gefährlichste Buch der Bibel

Die Suche nach dem guten Leben, dem sinnvollen, befriedigenden Leben, ist eines der ältesten religiösen Themen. Seit ihren frühesten Anfängen hat die Religion versucht, die Menschen mit Gott in Verbindung zu bringen, eine riesige, unkontrollierbare Welt weniger bedrohlich erscheinen zu lassen. Sie hat die Menschen zueinander geführt, damit niemand allein feiern oder trauern mußte. Und sobald die Menschen erkannten, daß Leben mehr ist als bloßes Überleben, betrachteten sie die Religion als einen Wegweiser zum guten Leben. Im Judentum, im Christentum und in einigen orientalischen Glaubenssystemen wird die Religion manchmal als der Weg bezeichnet, der Pfad zu einem Leben in Harmonie mit dem Universum, der Wegweiser, das Leben so zu leben, wie es gelebt werden soll.

Doch wir Menschen von heute sind zu oft enttäuscht worden, wenn wir in den Büchern unserer Religion Anleitungen zu finden versuchten. Da stehen einige sehr weise und wahre Dinge, doch sie haben eine Bestimmtheit an sich, die wir oft nicht teilen. Sie sprechen so zuversichtlich

von der Existenz eines Gottes, der das Universum kontrolliert und uns Seinen Willen offenbart. Sie versprechen
uns Glück, wenn wir Seinen Wegen folgen, und warnen
uns vor Unheil, wenn wir es nicht tun. Wir lesen es und
würden es gern glauben, aber es fällt uns schwer. Die
Erfahrung scheint dem so oft zu widersprechen. Die Bibel
und die von ihr abgeleiteten Bücher scheinen für Gläu-
bige geschrieben, die Gottes Stimme deutlich hören und
Sein Werk überall sehen können. Sie scheinen nicht
geschrieben für die verstörte moderne Seele, für die
Skeptischen, die Zweifler, die Verwirrten. Die Gläubigen
sagen immer: „Lies die Bibel, dort wirst du Antworten
finden." Doch die Rastlosen, die Suchenden, die Skeptiker lesen sie, aber ihre Worte bleiben ihnen fremd. Die
Themen der Bibel scheinen nicht ihre Themen zu sein,
und ihre Antworten scheinen nicht zu ihren Fragen zu
passen. Dann fühlen sie sich noch elender, weil sie feststellen, daß etwas, was für viele andere so hilfreich war,
ihnen anscheinend nichts zu sagen hat.

Ein Buch der Bibel jedoch ist einzigartig, anders als
alles darum herum. Ich möchte Sie gerne mit dem unge-
wöhnlichsten Buch der ganzen Bibel vertraut machen.
Wäre es bekannter, dann könnte es auch das gefährlichste
Buch der Bibel sein. Einige Leute haben es so betrachtet.
Es ist das Buch Ecclesiastes, ein kleines Buch, in einigen
Ausgaben hat es kaum ein Dutzend Seiten. Es steht so
weit am Ende der hebräischen Bibel, daß manche Leser
es nie entdecken. Doch wer es findet und liest, wird
erstaunt sein über das, was es sagt. In der ganzen Schrift
gibt es nichts, was ihm gleichkommt. Es ist das Werk eines
zornigen, zynischen, skeptischen Mannes, der an Gott
zweifelt und den Wert guten Handelns in Frage stellt.
„Was hat der Mensch für Gewinn von all seiner Mühe?"
fragt er in den ersten Zeilen seines Buches. „Ein
Geschlecht vergeht, und das andere kommt; die Erde
aber bleibt ewiglich." (Prediger 1:4) „Denn es geht dem

Menschen wie dem Vieh; wie dies stirbt, so stirbt er auch, und haben alle einerlei Odem." (Prediger 3:19) „Allerlei habe ich gesehen in den Tagen meiner Eitelkeit. Da ist ein Gerechter und geht unter in seiner Gerechtigkeit; und es ist ein Gottloser, der lange lebt in seiner Bosheit. Sei nicht allzu gerecht und nicht allzu weise, daß du dich nicht verderbest." (Prediger 7:15–16)

Gibt es sonst jemanden in der Bibel, der so spricht? Buchstäblich alle anderen Seiten der Bibel betonen, daß jede unserer Taten, wie klein auch immer, zählt. Man sagt uns, daß Gott sich darum kümmert, was wir essen, mit wem wir schlafen, wie wir Geld verdienen und ausgeben. Ecclesiastes aber kommt und sagt uns, daß Gott sich um all das nicht kümmert. Reiche und Arme, Weise und Toren, Gerechte und Gottlose sind in Seinen Augen alle gleich. Egal, wie sie leben, sie werden alle alt und sterben und sind bald vergessen. Wie sie gelebt haben, scheint keinen Unterschied zu machen.

Eine jüdische Überlieferung berichtet von den Weisen, die sich trafen, um den Kanon zusammenzustellen und zu entscheiden, welche alten Bücher Teil der Bibel sein sollten und welche nicht. Über das Buch Ecclesiastes habe es, so heißt es, zwischen ihnen heftige Debatten gegeben. Viele fanden es für ihren Glauben schädlich und bedrohlich. Sie wollten es nicht nur nicht in die Bibel aufnehmen, sondern es sogar mit einem Bann belegen, damit nicht unschuldige junge Leser von ihm zur Häresie verführt werden könnten. Doch genau wie sie ihr Unbehagen über die Erotik des Hoheliedes und die *Arabische-Nächte*-Atmosphäre des Buches Esther überwanden, schufen sie Raum für den Zynismus und die Skepsis des Buches Ecclesiastes.

Was hat dieses Buch an sich, das die alten Weisen so erregte und den modernen Leser, der es zufällig entdeckt, so überrascht? Das Buch ist schwer zu lesen und zu verstehen. Es hat einen einheitlichen Ton, aber keine einheitliche Geschichte oder Handlung und entwickelt kein fest-stehendes Thema. Der Autor springt von einem Gedanken zum anderen und widerspricht sich manchmal, sagt auf ein und derselben Seite einmal dies und dann das Gegenteil. Einige Passagen aus dem Buch werden Ihnen vertraut sein: „Es gibt nichts Neues unter der Sonne"; „Ein jegliches hat seine Zeit ... Geboren werden und sterben"; „Die Sonne geht auf und geht unter"; „Laß dein Boot über das Wasser fahren ...", aber das Buch als Ganzes ist nicht leicht zu verstehen.

Wir wissen nicht viel über den Mann, der das Buch geschrieben hat. Wir kennen nicht einmal seinen Namen, und wir wissen auch nicht, wann in den tausend Jahren der Entstehung der Bibel er gelebt hat. Weil er sich selbst als einen Abkömmling des Königs David und Herrscher in Jerusalem bezeichnet, schreibt die Tradition das Buch dem König Salomo zu, dem wei: .sten Mann in der Bibel. Eine jüdische Tradition behauptet, Salomo sei der Autor dreier biblischer Bücher. Als er jung und verliebt war, schrieb er die Liebesgedichte im Hohenlied. Als er reifer wurde und seinen Sinn auf Erwerb richtete, schrieb er die praktische Weisheit der Sprüche nieder. Als er älter wurde, äußerte er seine Gefühle von Zynismus und Eitelkeit, die wir im Ecclesiastes finden. Einige Gelehrte meinen, nur weil man die Predigten König Salomo zuschrieb, haben die alten Weisen ihre Zweifel überwunden und sie in die Bibel aufgenommen.

Selbst sein Name *Ecclesiastes* (hebräisch: *Kohelet*) ist dunkel. Soweit wir wissen, trug niemand sonst je diesen Namen. Grammatikalisch scheint es sich eher um einen Titel als um einen Personennamen zu handeln (was nicht überraschend ist: Die alten Autoren setzten fast nie ihre Namen auf ihre Werke); gewöhnlich wird es übersetzt als „derjenige, der eine Versammlung einberuft, der Menschen zusammenruft". Vielleicht war er ein Lehrer, ein weiser Mann, der seinen Lebensunterhalt damit verdiente, daß er die Söhne der Reichen auf die praktischen Probleme des Lebens vorbereitete. Bei all seinem Pessimismus hat das Buch den Tonfall eines Mannes, der seine Erfahrungen mit den Jungen teilen und sie nicht nur unterweisen, sondern auch warnen wollte.

Ob König Salomo das Buch nun tatsächlich schrieb oder nicht (die Sprache scheint aus einer viel späteren Zeit zu stammen), eines scheint klar: Der Mann, den wir den Prediger nennen, war ein weiser Mann in mittleren oder älteren Jahren, der versuchte, mit seiner Angst fertig zu werden, zu altern und zu sterben, ohne je das Gefühl wirklichen Lebens gehabt zu haben. Er scheint verzweifelt nach etwas zu suchen, was seinem Leben dauerhaften Sinn gibt.

Zum ersten Mal entdeckte ich den Prediger, als ich etwa siebzehn war, und es war Liebe auf den ersten Blick. Ich liebte den Mut und die Ehrlichkeit, mit denen der Autor die Orthodoxien seiner Zeit angriff, die Heuchelei und Oberflächlichkeit von vielem bloßstellte, was zu seiner Zeit als Frömmigkeit und Weisheit galt. Ich war fasziniert von seinen weisen Beobachtungen über das Leben, seinen zynischen Kommentaren zur menschlichen Natur. Sie schienen so tiefgründig und scharf, so viel ehrlicher als die frommen Tröstungen des größten Teils der Bibel. Damals dachte ich, der Prediger sei wie ich, ein idealistischer junger Feind von Falschheit und Narrheit, ein Herausforderer von Pomp und Prätention.

Jetzt, da ich das Lebensstadium erreicht habe, in dem der Prediger vermutlich sein Buch schrieb, erkenne ich, wie sehr ich ihn damals mißverstanden habe, als ich siebzehn war. Ich schaute in den Spiegel seines Buches und sah mein eigenes Abbild, einen idealistischen Heranwachsenden. Aber der Autor war kein Heranwachsender. Er war ein bitterer, müder Mann, der mehr als die Hälfte seines Lebens hinter sich hatte. Ich begriff die scharfe Spitze seines Zynismus, der die Banalität entlarvte. Ich begriff sein Entzücken bei der Bloßstellung des Wunschdenkens und der glatten Falschheit, die sich als Religion verkleiden. Doch weil ich jung war, als ich das Buch zuerst las, entging mir der Schrecken völlig, der mich befällt, wenn ich es heute wieder lese. Es ist das Buch eines Mannes, der große Angst hat.

Der Prediger ist nicht nur ein Lehrer der Weisheit, ehrlicher und aufrichtiger als die meisten. Er ist nicht bloß ein Feind von Heuchelei und Scheinheiligkeit. Er ist ein Mann, der verzweifelte Angst hat, zu sterben, ehe er zu leben gelernt hat. Er hat das Gefühl, nichts, was er je getan habe oder tun werde, spiele irgendeine Rolle, weil er eines Tages sterben muß und es dann sein wird, als habe er nie gelebt. Und er kann nicht mit dieser Angst fertig werden, zu sterben und keine Spur zu hinterlassen.

„Da dachte ich", schreibt er, „in meinem Herzen: Weil es denn mir geht wie dem Narren, warum habe ich dann nach Weisheit getrachtet? Da dachte ich in meinem Herzen, daß solches auch eitel sei. Denn man gedenkt des Weisen nicht immerdar, ebensowenig wie des Narren, und die künftigen Tage vergessen alles; und wie der Narr stirbt, also auch der Weise." (Prediger 2:15–16)

In diesem Buch erzählt er uns die Geschichte seines Lebens. Er schreibt von seinen Erfolgen und seinem Scheitern, von seinen Bemühungen, erfolgreich zu sein und etwas aus seinem Leben zu machen, und von all den Gründen, warum die Frage: Was bedeutet das alles auf lange Sicht? nie wirklich beantwortet wurde. Der Prediger ist als das persönlichste Buch der Bibel bezeichnet worden. Die Propheten und andere biblische Autoren erzählen uns manchmal von ihrem Leben, ihren Leistungen und Erfahrungen. Doch niemand sonst teilt seine innersten Ängste und Frustrationen so mit uns wie der Prediger.

Er war augenscheinlich ein Mann mit vielen Talenten. In seiner Jugend wollte er reich werden, und offensichtlich gelang ihm das. Er schreibt: „Ich tat große Dinge; ich baute Häuser, pflanzte Weinberge … Ich sammelte mir auch Silber und Gold … und nahm zu über alle, die vor mir in Jerusalem gewesen waren." (2:4, 8, 9)

Doch er lernt, daß Reichtum nicht die Antwort sein kann. Er versteht, daß er sein Geld so leicht verlieren kann, wie er es gewonnen hat. Er kann auch sterben, und jemand, der nie dafür gearbeitet hat, wird es erben. Er hat Reiche gesehen, die ihren Reichtum töricht ausgaben, und er hat gesehen, wie sie krank wurden und ihre letzten Jahre elend verbrachten und ihr ganzer Reichtum das Elend nicht lindern konnte.

„Es ist ein Unglück, das ich sah unter der Sonne, und ist gemein bei den Menschen: Einer, dem Gott Reichtum, Güter und Ehre gegeben hat und mangelt ihm keins, das sein Herz begehrt; und Gott gibt ihm doch nicht Macht, es zu genießen, sondern ein anderer verzehrt es; das ist eitel und ein böses Übel. Wenn einer gleich hundert Kinder zeugte und hätte so langes Leben, daß er viele Jahre überlebte, und seine Seele sättigte sich des Guten nicht und blieb ohne Grab, von dem spreche ich, daß eine unzeitige Geburt besser sei denn er." (6:1–3)

Wie viele reiche junge Männer gibt sich der Prediger dem Vergnügen, Trinkgelagen und all den anderen Zerstreuungen hin, die man mit Geld kaufen kann. „Ich sprach in meinem Herzen: Wohlan, ich will wohl leben und gute Tage haben! … Ich dachte in meinem Herzen, meinen Leib mit Wein zu pflegen … Und alles, was meine Augen wünschten, das ließ ich ihnen … Aber siehe, das war auch eitel. Ich sprach zum Lachen: Du bist toll! und zur Freude: Was machst Du?" (2:1, 10, 2) Solange er jung ist, hat er keine Schwierigkeiten, seine Zeit mit Vergnügen zuzubringen. Schließlich hat er, wie alle jungen Leute, unbegrenzt Zeit, Jahre liegen noch vor ihm, und er kann es sich leisten, ein paar davon zu verschwenden. Doch als er älter und seine Zeit kostbarer wird, begreift er, daß das Leben ununterbrochenen Amüsements nur eine Ausflucht vor der Herausforderung ist, etwas Bedeutsames mit seinem Leben zu machen. Sich zu amüsieren kann die Würze des Lebens sein, aber nicht sein Hauptinhalt, denn wenn das Vergnügen vorbei ist, bleibt nichts von dauerhaftem Wert.

Die Zeit, einst Quelle seines Vorteils gegenüber älteren Menschen, ist jetzt zu seinem Feind geworden. Er beginnt zu erkennen, daß seine Zeit knapp wird. Der Prediger hat uns folgende denkwürdige Zeilen hinterlassen: „Ein jegliches hat seine Zeit, und alles Vornehmen unter dem Himmel hat seine Stunde. Geboren werden und sterben, pflanzen und ausrotten, was gepflanzt ist, würgen und heilen, brechen und bauen, weinen und lachen, klagen und tanzen ..." (3:1–4).

Der Autor, nun in mittleren Jahren, beginnt zu argwöhnen, daß die guten Zeiten hinter ihm liegen, daß die meisten guten Dinge, die ihm je widerfahren werden, bereits geschehen sind, und die Zeit, die noch vor ihm liegt, größtenteils eine Zeit des Weinens und der Kümmernisse ist.

Joanne Greenberg hat eine Kurzgeschichte geschrieben: „Things in Their Season", deren Titel dem Prediger entnommen ist. (Sie findet sich in ihrer Sammlung *High Crimes and Misdemeanors,* Holt Rinehart & Winston, 1980.) In dieser Geschichte erfährt eine Gruppe von Menschen versehentlich, daß die Regierung heimlich ihre Zeit ebenso besteuert wie ihr Einkommen. (Zeit ist schließlich Geld. Je wertvoller unsere Zeit ist, desto höher die Steuerklasse. Deshalb scheinen vielbeschäftigte Leute nie genug Zeit zu haben, ganz gleich, wie tüchtig sie sind.) Die Gruppe entführt eine Ladung Zeit aus einem Lagerhaus der Regierung, um das Leben ihres geliebten Lehrers, der im Sterben liegt, zu verlängern. Doch für den Prediger gibt es keine Möglichkeit, Zeit zu stehlen und so seine Tage zu verlängern.

Da er Muße hat und die Jahre seiner wilden Feste hinter ihm liegen, wendet er sich dem Lernen zu, um seinem Leben einen Sinn zu geben. Irgendwo in all den Büchern der weisesten Männer der Vergangenheit muß die Antwort auf seine Frage zu finden sein. Jetzt spürt der Leser schon eine Spur von Dringlichkeit in seiner Suche. Er fragt nicht mehr aus jugendlicher intellektueller Neugier: Was bedeutet das Leben? Er fragt: Was bedeutet *mein* Leben?, weil er die erschreckende Möglichkeit zu spüren beginnt, daß sein Leben bald vorüber sein und keinen Sinn gehabt haben könnte. Wenn seine Suche ihn jetzt in Sackgassen führt, reagiert er nicht mit Enttäuschung, sondern mit wachsender Verzweiflung. Die allerfrustrierendste Tatsache ist die Erkenntnis, daß der Tod nur zu schnell kommen und alles auslöschen kann, wofür das Leben sich abgemüht hat.

Er macht sich daran, das beliebte Sprichwort „Der Weise hat seine Augen im Haupt, aber die Narren gehen in der Finsternis" (2:14) auf die Probe zu stellen. Doch was er lernt, ist dies: Der Weise sieht zwar in der Tat klarer, doch was er sieht, ist die Eitelkeit des Lebens. Je weiter er ist, desto mehr Unbilligkeit, Ungerechtigkeit und Tragödie sieht er. Er ist jetzt so alt, daß der Schatten des Todes in sein Bewußtsein zu kriechen beginnt und allem den Sinn nimmt. Was nützt alles, was ich tue, wenn ich mich nicht dagegen schützen kann, zu sterben und zu verschwinden? Welchen Unterschied macht es, ob ich weise bin und mein Nachbar töricht, ob ich ehrlich bin und er schlecht? In beiden Fällen nimmt unser Leben dasselbe Ende. Wir werden beide sterben und vergessen sein. All mein Lernen, all meine guten Taten werden mit mir sterben.

Wenn Reichtum und Vergnügen dem Leben des Predigers keinen dauernden Sinn gaben, weil sie so vergänglich waren, heute hier und morgen fort, wie ist es dann mit dem Lernen? Der menschliche Geist ist so zerbrechlich.

Nicht nur der Tod, auch das Alter, ein Schlaganfall, Senilität können alles Gelernte zunichte machen. Der Prediger hat vielleicht gesehen, wie seine eigenen Lehrer alt wurden, wie ihre Brillanz zu verschrobener Vergeßlichkeit schrumpfte. Warum also sollte man sich in Weisheit üben? Der Reiche verliert seinen Reichtum, wenn er stirbt, doch der Weise kann seine Weisheit schon früher verlieren.

Eine Möglichkeit bleibt noch. Man spürt, daß der Priester zögert, sie auszuprobieren, aus Angst, keine Hoffnung mehr übrig zu haben, wenn er diesmal scheitert. Er würde zu dem Schluß kommen müssen, daß das Leben tatsächlich eitel und sinnlos ist. In einem letzten, verzweifelten Versuch wendet sich ein zunehmend ängstlicher Prediger Gott zu. Ich werde fromm werden, sagt er. Ich werde alle Lehren meiner Religion befolgen und nach jenem Gefühl von Frieden und Ruhe suchen, das den reinen Seelen versprochen wurde. Wie viele Männer und Frauen seines Alters, die bereits ein Leben voller Kampf und Konflikten hinter sich und eine ungewisse Zukunft vor sich haben, wird der Prediger in der Mitte seiner Jahre religiös. Er nimmt sich Zeit für Überlegungen, für die er bis dahin zu beschäftigt oder zu spitzfindig war.

Doch auch Nachdenken bringt ihn nicht weiter. Selbst der höchste Grad von Frömmigkeit kann ihn nicht – so seine Erkenntnis – vor Tod und Todesangst schützen und auch nicht vor dem Vergessensein, in das sein Tod ihn führt. So gottwohlgefällig er sich auch zu leben bemüht, er wird nie erreichen, mit Gott zu handeln und zu Gott sagen zu können: „Sieh, wie wertvoll mein Leben ist. Ist es nicht auch in deinem Interesse, daß ich weiterlebe, statt zu sterben und vergessen zu werden?"

Gibt es denn wirklich keine Antwort? Ist unser Bedürfnis, das Leben zu hinterfragen, nichts weiter als Wunschdenken, entstanden aus der Überheblichkeit einer Spezies, die in Wirklichkeit nichts anderes ist als der „Falter ohne Mund"? Sind wir für einen kurzen Augenblick auf die Erde gestellt, um die Spezies kurz am Leben zu erhalten und dann der nächsten Generation Platz zu machen, damit auch die sich fortpflanzen und sterben kann? Hat Gott uns mit einem Drang ausgestattet, der in Wahrheit nie befriedigt werden kann, einem nagenden Hunger nach Erkenntnis über den Sinn und die Bedeutung unserer Existenz?

Der Prediger schrieb vor vielen hundert Jahren sein Buch, um über seine Enttäuschungen und Frustrationen Rechenschaft abzulegen und um uns zu warnen, unsere begrenzte Zeit nicht wie er zu verschwenden und länger der Illusion nachzuhängen, Reichtum, Weisheit, Vergnügen oder Frömmigkeit vermöchten unser Leben wichtiger zu machen. Er berichtet uns mit wachsender Verzweiflung über seine Erfahrungen: Ein Weg nach dem anderen erweist sich als Sackgasse. Allmählich merkt er, wie mit den Jahren die Optionen schwinden, zwischen verschiedenen Möglichkeiten zu wählen. Das klingt, als habe er sein Buch nur geschrieben, um Frustrationen loszuwerden. Doch er will uns damit nicht entmutigen. Am Ende hat er eine Antwort. Doch mit dieser Antwort kann nur derjenige etwas anfangen, der auch in solche Sackgassen gerannt ist und ähnliche Enttäuschungen hinter sich hat. Deshalb stellt er die Antwort an das Ende seiner Geschichte und nicht an ihren Anfang.

Eine chassidische* Erzählung berichtet von einem Mann, der sich auf einem Spaziergang im Wald verlief. Stundenlang irrte er auf der Suche nach dem Weg zurück in die Stadt herum, folgte einem Pfad nach dem anderen – doch

---

* Chassidisch, Adjektiv von Chassidim.
Anhänger einer jüdischen religiösen Bewegung, die um 1750 gegründet wurde und vor allem in Osteuropa verbreitet war. Die C. betonen das Gefühl in der Religion, dem Gesetzesglauben gegenüber die Offenbarung in der Natur.

keiner führte aus dem Wald heraus. Endlich traf er einen anderen Wanderer. „Gott sei gedankt für ein anderes menschliches Wesen!" rief er. „Kannst du mir den Weg zurück in die Stadt zeigen?" Der andere antwortete: „Nein, ich habe mich auch verirrt. Aber wir können einander helfen: Wir zeigen uns gegenseitig die Wege, die sich als Sackgassen erwiesen haben. So werden wir den Ausweg leichter finden."

Ehe wir den Zugang zu den Schlußfolgerungen des Predigers finden können, müssen wir ihn auf den falschen Wegen und in die Sackgassen begleiten, die er als Warnung für uns beschrieben hat. Wenn wir seine schmerzvollen Enttäuschungen nachvollzogen haben, werden wir besser darauf vorbereitet sein, den Weg nach draußen zu finden und ihm zu folgen.

Kapitel 3

Ehrgeiz macht einsam

Wenn Ihnen überhaupt keine Beschränkungen auferlegt wären, wenn Sie tun dürften, was Sie wollten, überall hingehen und jeden herumkommandieren könnten, damit er Ihre Vorstellung verwirklicht, würde Sie das glücklich machen? Wären Sie dann in der Lage, diese Überlegenheit dazu zu nützen, Ihrem Leben eine über den Tag hinaus reichende Bedeutung zu geben und Ihnen vor allem das wichtigste, nämlich Zufriedenheit, zu verschaffen?

Eines der klassischen Werke der Weltliteratur, Goethes dramatisches Gedicht *Faust,* die Geschichte eines Mannes, der seine Seele an den Teufel verkauft, beschäftigt sich genau mit dieser Frage. Doktor Faust, der Held des Dramas, ein Gelehrter und Wissenschaftler in mittleren Jahren, hat gerade die Hoffnung aufgegeben, jemals den wahren Sinn des Lebens zu erfassen. Gepackt von der Angst, er werde zwar sein Leben geehrt und gelehrt beenden, ohne aber jemals erfahren zu haben, was das Leben wirklich alles zu bieten hat, schließt er einen Kuhhandel mit dem Teufel: Er vermacht ihm seine Seele, später, im Jenseits, um sie gegen eine, zumindest einen Lidschlag lange, vollkommene Befriedigung zu tauschen, damit er endlich ausrufen kann:

„Werd' ich zum Augenblicke sagen, verweile doch, du bist so schön, *dann* magst du mich in Fesseln schlagen, *dann* werd' ich gern zugrunde gehen."

Goethe schrieb sein Leben lang an *Faust*. Es sollte sein zentrales Vermächtnis werden und seine Erkenntnisse über den Sinn des Lebens dokumentieren, das die Generationen überdauernde Meisterstück. Und es sollte seinem eigenen Leben Sinn geben. Die Niederschrift des Stückes begann er mit zwanzig. Wegen anderer Vorhaben stellte er es zurück. Mit vierzig nahm er das Thema wieder auf. (Vermutlich zum Teil die Goethesche Reaktion auf die heute sogenannte Midlife-Crisis.) Kurz vor seinem Tode mit dreiundachtzig Jahren vollendete er das Werk. Ganz genau läßt es sich zwar nicht mehr feststellen, wie alt Goethe beim Verfassen bestimmter Abschnitte war. Dennoch ist es faszinierend zu verfolgen, wie sich die Gedanken des Helden über seine Lebensziele vom Beginn der Geschichte bis zu ihrem Ende verändern.

Bei der Anlage des Stückes zeichnete der junge Goethe seinen Faust in den besten Jahren, als einen Mann, der jede nur irgendmögliche Erfahrung selbst machen, der ohne jede Rücksicht leben möchte. Er will jedes Buch lesen, das erscheint, er will alle Sprachen sprechen, alle nur möglichen Vergnügungen auskosten. Wie Gott möchte er sein, fähig dazu, die Grenzen zu überschreiten, die Menschen eigentlich gezogen sind. Also gibt der Teufel ihm alles – Reichtum, politische Macht, die Möglichkeit, überall hinzureisen und mit der Hingabe jeder Frau rechnen zu können, die er begehrt. Faust nutzt all die gebotenen Möglichkeiten aus und ist dennoch nicht glücklich. Soviel Reichtum er auch anhäuft, so viele Frauen er auch verführt – nichts befriedigt ihn wirklich.

Gegen Ende des Stückes ist der Autor Goethe über achtzig, und sein Held Faust ist mit ihm gealtert. Statt

Kämpfe siegreich zu beenden und jungen Frauen zu imponieren, arbeitet Faust am Bau von Deichen, um dem Meer Land abzuringen, auf dem Menschen leben und arbeiten können. Statt einem allmächtigen Gott, der alles sieht und alles beherrscht, ähnlich werden zu wollen, ist er nun dem Schöpfer Gott ähnlich geworden, der Wasser und Wüste scheidet, Gärten anlegt und Menschen darin arbeiten läßt. Erst jetzt kann Faust zum ersten Mal zum Augenblick sagen: „Verweile doch, du bist so schön."

Wenn wir jung sind, laufen wir dem Erfolg um des Erfolges willen nach. Wir wollen herausfinden, wie gut wir wirklich sind. Ein Mann verkauft sein Haus und zieht in eine andere Stadt, verlangt von Frau und Kindern, sich an neue Freunde und neue Schulen zu gewöhnen, weil sein berufliches Vorwärtskommen es erfordert. Ein sportlich ambitionierter Student unterbricht sein Studium am College, um sich in einer Profimannschaft zu bewähren. Auch wenn es finanziell vielleicht gar nichts bringt: In dieser Phase unseres Lebens fällt es uns schwer, eine sich bietende Herausforderung nicht anzunehmen. Es ist nicht allein der mit dem Erfolg zu erringende Preis, der uns lockt; der Erfolg selbst ist genug Lohn. Es drängt uns einfach, herauszufinden, wie weit unsere Fähigkeiten uns tragen.

Doch allmählich verändert sich alles. Statt das Leben als Wettbewerb und den Sieg als Selbstzweck zu betrachten, beginnen wir, den Erfolg als Mittel zum Zweck zu sehen. Statt zu fragen: Wie hoch kann ich auf der Erfolgsleiter steigen?, denken wir nun: Was springt für mich dabei heraus? Ermöglicht mir das ein Leben nach meinen Vorstellungen? Die attraktive junge Frau hört auf, die Zahl ihrer Bewunderer und Liebhaber als Maß für ihre Beliebtheit zu betrachten, und beginnt sich zu fragen, ob sie gute Ehemänner und Väter sein könnten und wie es sich wohl in einem Hausstand mit ihnen lebte. Der ehrgeizige Aufsteiger bastelt nicht mehr ständig an seiner Karriere, sondern überlegt, wie er seinen Erfolg in ein lebenswertes Leben ummünzen kann.

Ich stelle mir vor, daß auch der Prediger diesen Weg ging und dieselben Überlegungen anstellte. Zuerst ging es ihm darum, Geld zu verdienen, weil er gescheit und ehrgeizig war, und gescheite und ehrgeizige Leute tun das nun einmal.

Obwohl er uns keine Einzelheiten mitteilt, verdiente er offenbar ziemlich leicht und früh in seinem Leben sehr viel Geld. „Ich tat große Dinge; ich baute Häuser, pflanzte Weinberge; ich machte mir Gärten und Lustgärten und pflanzte allerlei fruchtbare Bäume darein; ... ich hatte Knechte und Mägde; ich hatte größere Herden von Rindern und Schafen als andere vor mir; ich sammelte Silber und Gold, und die Schätze der Könige und Provinzen." (2:4–8)

Er scheint alles zu haben, was ein Mann sich nur wünschen kann. Seine Erfolge scheinen grenzenlos. Er ist märchenhaft reich, beeindruckend intelligent: Warum hat er also noch immer das Gefühl, daß etwas fehlt? Könnte es sein, daß diese Art von Erfolg irgendwie den Keim des Scheiterns in sich trägt? Kann dieses Streben nach Erfolg dem ersten Akt unseres Lebens Erfüllung und Befriedigung bringen, dem zweiten Akt unseres Lebens aber nur Enttäuschung?

Das Ziel des Lebens im „Gewinnen" zu sehen zwingt uns, andere Menschen als Konkurrenten zu betrachten, bedroht unser Glück. Damit wir „gewinnen" können, müssen sie „verlieren". Ihr Mißerfolg wird notwendigerweise Bestandteil unseres Erfolges. In einer Konkurrenzsituation, sei es nun die Rangordnung in einer Schulklasse oder bei einem Mannschaftsspiel, muß es logischerweise neben Gewinnern auch Verlierer geben. Wer ein Gewinner sein will, muß sich auf Kosten der übrigen profilieren. Er steigt in dem Maße, in dem sie fallen, und diese Sicht der Dinge hat ihre Konsequenzen.

Zwei wahre Geschichten illustrieren das. Ein amerikanischer Tourist wurde eines Tages in Indien Zeuge einer Wallfahrt auf den Gipfel eines heiligen Berges. Tausende stiegen den steilen Pfad hinauf. Der Tourist, der viel joggte, Sport trieb, also glaubte, fit zu sein, schloß sich ihnen an. Nach zwanzig Minuten war er völlig außer Atem und konnte kaum weiter, Frauen mit Babies auf dem Arm und gebrechliche alte Männer überholten ihn mühelos. „Ich begreife das nicht", sagte er zu einem indischen Gefährten. „Wieso schaffen diese Leute das und ich nicht?" Sein Freund antwortete: „Weil du die typisch amerikanische Angewohnheit hast, alles als Test anzusehen. Du betrachtest den Berg als deinen Feind und machst dich daran, ihn zu schlagen. Der Berg wehrt sich, und natürlich ist er stärker als du. Für uns ist der Berg kein Feind, der besiegt werden muß. Sinn unseres Aufstieges ist es, mit dem Berg eins zu werden. Deshalb nimmt er uns auf und trägt uns."

Zweite Geschichte: Einer meiner Freunde, auch ein Geistlicher, ein paar Jahre älter als ich, entschloß sich, eine sehr persönliche Erfahrung mit mir zu teilen. Er erkannte, daß um die Zeit herum, als er zu alt geworden war, um noch mit dem Ruf in eine große Gemeinde rechnen zu können, er sich einer erstaunlichen Veränderung seiner Geisteshaltung bewußt wurde: Er stellte fest, daß er Freunde und Kollegen in größeren Gemeinden nicht mehr unter dem Gesichtspunkt betrachtete, wann sie womöglich sterben oder in einen Skandal verwickelt und damit ihren Platz für ihn freimachen würden. Richtig bewußt war er sich dieser Einstellung bis dahin zwar nie gewesen, doch die Sorge um sein „Weiterkommen" und Karriere hatten ihn zu der unausgesprochenen Überzeugung gebracht, seine geistlichen Kollegen stünden seinem eigenen Glück im Wege. Sein eigener Erfolg setzte ihre Niederlage voraus. Jahrelang hatten es ihm diese Hintergedanken schwergemacht, wirklich freundlich und offen mit seinen Kollegen zu verkehren und mit seiner kleinen Gemeinde trotz ihrer Vorzüge zufrieden zu sein. So verwandelte er sich im Laufe der Zeit in einen einsamen, eifersüchtigen, verbitterten Menschen. Seine Predigten wurden barsch und streng und waren keineswegs von der Liebe und Freundschaft erfüllt, die er eigentlich vermitteln wollte. Für all das machte er andere verantwortlich. Inzwischen hat er dieses Wettbewerbsdenken überwunden. Nun kann er seine Kollegen als Freunde begrüßen. Er kann sich jüngeren Geistlichen als Mentor widmen und betrachtet die eigenen Gemeindemitglieder durchaus seiner Liebe und Fürsorge würdig, statt in ihnen nur Zeugen seines Scheiterns und seiner gescheiterten Karriere zu sehen. Nichts um ihn herum hat sich verändert, nur er selbst ist ein anderer geworden. Jetzt freut er sich auf die ihm noch im aktiven Kirchendienst verbleibenden Jahre und weiß, daß sie produktiv und befriedigend sein werden.

Der Prediger arbeitete, um reich und erfolgreich zu werden; denn Reichtum erschloß ihm die Möglichkeit, ein Leben ganz nach seinem Geist zu führen, sich jeden Luxus leisten zu können, ohne jemals etwas nur aus dem Grunde entbehren zu müssen, weil er es sich nicht leisten konnte. Für Faust bedeuteten Reichtum und Erfolg den Schlüssel zur Macht über andere Menschen. Er war überzeugt davon, mit Hilfe von genügend Geld und Einflußmöglichkeiten alles in seinem Leben zu seiner Zufriedenheit arrangieren und so ein Leben mit seinen Vorstellungen gestalten zu können. Zweierlei stimmt nicht an dieser Betrachtungsweise.

Erstens: So viel Macht kann niemand ausüben. Dafür ist die Welt zu kompliziert und zu schwer erfaßbar. Niemand hat die Kontrolle über alles, was geschieht. Barbara Tuchmann untersucht in ihrem Buch *The March of Folly* (Der Mensch des Wahnsinns) die Frage, warum sich Nationen und die Leute an ihrer Spitze oft in Situationen so töricht verhalten, obwohl ihnen eigentlich klar sein sollte, daß sie völlig falsch liegen. Einer der ständig wiederkehrenden Gründe für törichtes Benehmen (die Korruption römischer Kaiser und mittelalterlicher Päpste, Napoleons und Hitlers Feldzüge in Rußland, der USA in Vietnam) ist der Trugschluß, man müsse nur mächtig genug sein, dann könne man anderen seinen Willen aufzwingen und selber machen, was immer man möchte. Doch einer nach dem anderen mußte lernen, daß selbst die gewaltigste Machtentfaltung nicht ausreicht, um auch die totale Kontrolle zu gewährleisten.

Zweitens haben das Streben nach Reichtum und Macht und die Ausübung dieser Macht zur Folge, uns anderen Menschen zu entfremden. Das Streben nach Reichtum verleitet viele Menschen nicht nur, das Leben als ständigen Wettbewerb statt als Aufforderung zur Zusammenarbeit aufzufassen. Die Ausübung von Macht durch die Erfolgreichen kann die menschlichen Beziehungen darüber hinaus auch noch erschweren. Wenn Sie jemanden lieben, weil er ständig bemüht ist, Ihnen zu gefallen, und stets nur das tut, was Sie wollen, so ist das keine wirkliche Liebe, sondern nur eine umständliche Art der Selbstliebe. Macht fließt wie Wasser bergab, von einem in einer höheren Position zu einem, der tiefer steht. Liebe kann nur zwischen Menschen entstehen, die sich als gleichberechtigt betrachten, zwischen Menschen, die einander Erfüllung geben können. Wo einer befiehlt und einer gehorcht, kann es Loyalität und Dankbarkeit, aber keine Liebe geben.

In der Bibel wird die Sünde der Götzendienerei nicht nur als eine Sache der Anbetung von Statuen beschrieben. Es *ist* Götzendienst, das Werk unserer eigenen Hände so zu behandeln, als sei es göttlich, *uns* selbst als höchste Quelle von Wert und Kreativität zu verehren. Das Zweite Gebot lautet: „Du sollst dir kein Bildnis noch irgendein Gleichnis machen", und ein Kommentar legt das so aus: Es heißt nicht, meint er, „Du sollst kein Idol *für dich selbst* machen", sondern „Du sollst kein Idol *aus dir selbst machen.*" Mach dich nicht *selbst* zum Ziel der Verehrung, nur weil du dir einbildest, genug bestimmenden Einfluß auf deine Umwelt und die Menschen um dich herum zu haben!

Der französische Philosoph Jean-Paul Sartre, Begründer der überaus individualistischen Denkschule des Existentialismus, stellte fest: „Die Hölle, das sind die anderen." Sartre war ein sehr kluger Mann, aber ich glaube, in diesem Fall hat er etwas sehr Dummes gesagt. Andere Menschen mögen unser Leben komplizieren, aber ein Leben ohne sie wäre unerträglich einsam. Ein führender Anthropologe, der jahrelang Schimpansen in freier Wildbahn beobachtet hat, faßt seine Erfahrungen in einem Satz zusammen: *Ein* Schimpanse ist kein Schimpanse." Damit wollte er ausdrücken: Ein Schimpanse kann sich nur in Gesellschaft anderer Schimpansen entwickeln. Isoliert im Zoo kann er zwar überleben, zu seinem wirklichen Wesen aber wird er nie finden. Ich habe Menschen in ihrer angestammten Umgebung mindestens so lange beobachtet, wie Dr. Leakey die Schimpansen, deshalb drängt es mich, seinen Satz auch auf uns anzuwenden. „*Ein* menschliches Wesen ist kein menschliches Wesen." Keiner von uns kann sich in völliger Isolation zum Menschen entwickeln. Die menschlichen Eigenschaften entstehen allein auf dem Umweg über die Beziehung zu anderen.

Die Hölle, das sind nicht „die anderen". Die Hölle ist, so hart für den eigenen Erfolg gearbeitet zu haben, daß unsere Beziehungen zu anderen Menschen zerstört wurden und wir sie nur unter dem Gesichtspunkt betrachten, wie nützlich sie wohl für uns sein könnten. Erinnern wir uns des Dr. Faust, der seine Seele im Gegengeschäft, wie man heute sagt, gegen uneingeschränkte Macht auf dieser Welt verkauft hat und gerade dieser Machtvollkommenheit wegen einsam ist. Für ihn ist die Gewißheit die Hölle, alles zu haben und doch erkennen zu müssen, daß selbst das nicht genug ist. (Machen wir nicht alle unser Geschäft mit dem Teufel, indem wir auf Deubel kommheraus unsere eingebildeten Bedürfnisse befriedigen und dafür sogar unseren Seelenfrieden aufs Spiel setzen und setzen würden?)

Ich denke dabei an den Prediger, der sich auf seinem luxuriösen Besitz, umgeben von Dienern, die ihm jeden Wunsch von den Augen ablesen, mit der Frage quält: Wenn ich doch alles habe, warum spüre ich dennoch, daß mir etwas fehlt? Ich denke an die letzten Jahre von Howard Hughes, dem Milliardär, und Lyndon Johnson, des Präsidenten der USA, beides Experten in der Kunst der Machtausübung, die als einsame alte Männer endeten, umgeben von bezahlten Dienern und Leuten, die sich noch Vorteile von ihnen versprachen. Beide fragten sich, warum nur ein paar Menschen sie wirklich liebten.

Es mag für eine kurze Zeit befriedigen, in einer Position zu sein, in der man Macht über andere Menschen ausüben kann (Angestellte, Ehepartner, Kinder), doch niemals auf lange Sicht. Letzlich macht es uns nur einsam. Wer befiehlt, dem begegnet man womöglich mit Angst und Respekt. Doch wer kann schon, wenn seine Empfindungen normal entwickelt sind, von der kargen Kost leben, die aus nichts als Angst und Respekt besteht? Wer will schon, daß Menschen sich vor ihm fürchten, ihm widerwillig und grollend statt aus freien Stücken und aus Zuneigung gehorchen?

Martin Buber, ein bedeutender Theologe des zwanzigsten Jahrhunderts, lehrte, unsere Beziehungen zu anderen gestalteten sich auf zweierlei Weise: Entweder seien sie *Ich-Es,* dann würde die andere Person als Objekt angesehen und nur nach dem beurteilt, was sie tut, oder sie seien *Ich-Du,* das heißt, sie sehen die anderen als Subjekt und sind sich der Bedürfnisse und Gefühle des anderen genauso bewußt wie der eigenen. Buber berichtet in diesem Zusammenhang über ein Ereignis, das sein Leben veränderte und ihm die Idee zu diesen Formeln eingab. In seinen jungen Jahren ließen sich seine Eltern scheiden, und er wurde zu seinen Großeltern auf den Bauernhof geschickt. Er fütterte die Tiere, reinigte die Ställe und striegelte die Pferde. Als Elfjähriger versorgte er ein Pferd, das ihm besonders ans Herz gewachsen war. Er ritt am liebsten dieses Pferd, striegelte es liebevoll und verwöhnte es oft mit besonderen Leckerbissen. Tatsächlich schien das Pferd diese Gefühle des Jungen, der es fütterte und pflegte, zu erwidern. Als Buber eines Tages den Hals des Pferdes streichelte, überkam ihn ein seltsames Gefühl. Plötzlich konnte er gewissermaßen in die Haut des Pferdes schlüpfen. Wie es einem zumute war, wenn man als Elfjähriger ein Pferd tätschelte, hatte er schon öfters am eigenen Leibe erfahren. Weil er dieses Pferd aber so liebte, gelang es ihm, die Gefühle des Pferdes nachzuempfinden, das von einem Jungen getätschelt wird. Dieser unvergleichliche Augenblick bereitete ihm Freude und tiefe Befriedigung: Zum erstenmal war es ihm gelungen, über die Grenzen seiner eigenen Seele hinauszugelangen und die Erfahrung einer anderen Seele nachzuvollziehen. Das war um vieles befriedigender als das Bewußtsein der Macht, einem anderen seinen Willen aufzuzwingen, daß Buber viele Jahre später sein ganzes theologisches Lehrgebäude auf diesem damaligen Gefühl begründete.

Die Bibel zeigt uns zwei gegensätzliche Gesichter Gottes. Manchmal ist Er ein befehlender Gott, ein Gott der Macht, der Sodom zerstört, den Ägyptern Plagen schickt, das Rote Meer teilt. Und manchmal ist Er ein helfender Gott, ein zärtlicher Gott, ein Gott der Liebe und Verbundenheit, der die Kranken tröstet und den Versklavten Hoffnung gibt. Wir lesen diese Geschichten und sind verständlicherweise verwirrt, weil Liebe und Macht unvereinbar sind. Wir können jemanden lieben und ihm den Raum und das Recht geben, er selbst zu sein, oder wir können versuchen, ihn zu kontrollieren, ihm unseren Willen aufzuzwingen, sei es zu seinem eigenen Besten, sei es zur Stärkung unseres eigenen Ego. Aber wir können nicht beides zugleich tun. Wenn Sie jemanden schätzen, weil er oder sie Sie alles tun läßt, was Sie wollen, und Ihnen das Gefühl gibt, stark und gescheit zu sein, dann ist das nicht Liebe. Es erkennt nicht die Einzigartigkeit der anderen Person an, sondern nur ihre Nützlichkeit. Sie könnten jemand anderen an ihre Stelle setzen, der ebenso gefällig ist, für Sie wäre das kein Unterschied. Jemanden zu lieben, weil er wie wir ist, gefügig unserem Willen, das ist keine Liebe. Es ist nur ein Umweg der Selbstliebe.

Manchmal scheint Gottes Macht seiner Liebe im Wege zu stehen. Wenn wir Gott gehorchen, weil wir uns vor ihm fürchten, weil wir Ihn nicht kränken wollen oder von Seiner Macht so überwältigt sind, daß wir nicht wagen, Ihn herauszufordern, dann bringen wir Ihm Gehorsam entgegen, aber keine Liebe. Um zu lieben und geliebt zu werden, muß Gott uns den Freiraum der Wahl geben, damit wir zu uns selbst finden können. Er kann nicht alle Macht auf sich vereinigen und uns keine übriglassen. Das Bündnis zwischen Gott und der Menschheit muß mehr sein als eine Sache des Allmächtigen, der das Gesetz festlegt. Es muß eine frei geschlossene Übereinkunft zwischen zwei freien Partnern sein.

Ich denke an viele Passagen in den Prophezeiungen von Jesaja und Jeremia, die Gott als einen Ehemann hinstellen, der von seiner Frau betrogen wurde, kühne Passagen, die Gott beinahe als einsam zeigen, voller Sehnsucht nach jemandem, der Ihn liebt und Ihm nicht nur aus Furcht gehorcht, bekümmert, weil Sein Volk ihn nach allem, was er für es getan hat, nicht liebt. „Ich gedenke, da du eine freundliche junge Dirne und liebe Braut warst, da du mir folgtest in der Wüste, in dem Lande, da man nichts sät." (Jeremia 2:2) „Bin ich denn für Israel eine Wüste oder ödes Land? Warum spricht denn mein Volk: Wir sind die Herren und müssen dir nicht nachlaufen?" (Jeremia 2:31) Gott ist Eins, und da Er Eins ist, ist Er ganz allein, wenn nicht und solange nicht Menschen da sind, um Ihn zu lieben.

Wenn wir uns nach dem Bild Gottes geformt sehen, wenn wir das Bild Gottes in uns als Verkörperung dessen begreifen, was wir sein werden, wenn wir unsere Vollendung als Mensch erreicht haben – nach welchem Bild Gottes sollen wir dann streben, nach dem Bild des einsamen Gottes der Macht oder des liebenden Gottes der Verbundenheit?

Mir scheint es gut vorstellbar, daß die Israeliten in den frühesten Stadien der Entstehung der Bibel und der Kultur ihr Bild von Gott nach dem Vorbild nahöstlicher Despoten der ihnen bekannten Welt formten. Das waren die ägyptischen Pharaonen und die Könige des assyrischen und babylonischen Reiches, absolute Monarchen mit der Macht, Gesetze zu erlassen oder aufzuheben, mit der Macht über Leben und Tod ihrer Untertanen. Doch dann, so denke ich, begann ihr Religionsverständnis zu reifen. Sie erkannten einmal, daß Macht nicht mit dem absolut Gutem gleichzusetzen war. Also sollten zum zweiten diejenigen, die absolute Macht ausübten, nicht mehr als andere Menschen gelten, sondern eher weniger, weil sie grausam und willkürlich, eifersüchtig und argwöhnisch sein konnten und sie allenfalls Furcht einflößten, niemals aber Liebe schenkten. Deshalb konnten sie ihren Gott nicht mehr länger nach deren Bild darstellen. In den Geschichten von Noah und der Sintflut oder Abraham in Sodom verfolgen wir, wie Gott bereits Menschen dafür bestraft, daß sie zueinander schlecht sind, und nicht mehr etwa dafür, daß sie Ihn nicht anbeten. Die Propheten zeigen einen Gott, dem es wichtiger ist, daß Menschen gut zueinander sind, statt daß sie an Seinem Altar Opfer bringen. Das Bild eines machtausübenden Gottes gerät zwar nie ganz in Vergessenheit. Aber es wird bald überstrahlt vom Bild eines Gottes, der sich mit uns die Aufgabe teilt, eine menschliche Welt aufzubauen, in der sich einer um den anderen und Er sich um jeden von uns kümmert. Gott strebt nicht danach, Nummer eins zu sein: Er bemüht sich um das Wohlergehen derjenigen, die nicht imstande sind, für sich selbst zu sorgen. Im Gesetz und bei den Propheten, in der hebräischen Bibel und im christlichen Neuen Testament sorgt sich Gott besonders um die Armen und um die mit gebrochenem Herzen.

Einen gewissen Argwohn bringt Er andererseits den Reichen und Erfolgreichen entgegen, nicht etwa, weil es gut ist, arm zu sein, und unmoralisch, reich zu sein, sondern weil die Armen und Beladenen es offenbar leichter mit der Erkenntnis haben, einander zu brauchen und zueinander zu gehören. Sie sind verletzlicher, weniger selbstzufrieden, und das ist etwas zutiefst Menschliches.

Auch wir müssen den Entwicklungsprozeß durchlaufen, den unsere Ahnen durchgemacht haben, von der Verehrung der Macht und des Erfolgs zur Idealisierung von Hilfsbereitschaft und fürsorglicher Verbundenheit. Mein Lehrer Abraham Joshua Heschel pflegte zu sagen: „Als ich jung war, bewunderte ich clevere Leute. Jetzt im Alter bewundere ich freundliche Leute."

Es ist kein Makel, erfolgreich zu sein. Kirchen, Colleges, Museen und die medizinische Forschung, alle sind bei uns abhängig von der Großzügigkeit erfolgreicher Menschen, die die Früchte ihres Erfolges mit ihnen teilen. Es ist nicht falsch, genug Macht zu haben, um Ereignisse beeinflussen zu können. Im Gegenteil, Leute, die sich machtlos und enttäuscht fühlen, sind für die Gesellschaft gefährlicher als Leute, die die Wirkung ihres Einflusses kennen und ihn weise einsetzen, weil jene aus ihrer Frustration heraus den Versuch unternehmen, uns zu zwingen, sie ernst zu nehmen. Doch es ist sehr wohl ein Makel, ausschließlich in einer Art und Weise nach Macht zu streben, die einen von anderen Menschen entfremdet. Es kann in eine Situation führen, in der Gewinnen noch schlimmer ist als Verlieren.

Es gibt eine Geschichte, die mit der Stiftung des Nobelpreises in Zusammenhang steht, der höchsten Ehrung für Leistungen auf dem Gebiet der Künste und der Wissenschaften. Alfred Nobel, ein schwedischer Chemiker, machte mit der Erfindung des Dynamits ein Vermögen, indem er die Formel zur Produktion von Waffen an Regierungen verkaufte. Eines Tages starb Nobels Bruder, und eine Zeitung druckte versehentlich einen Nachruf auf ihn selbst, Alfred. Sie bezeichnete ihn als Erfinder des Dynamits und den Mann, der ein Vermögen damit verdiente, Armeen neue Möglichkeiten der Massenvernichtung zu eröffnen. Nobel hatte die einzigartige Gelegenheit, zu Lebzeiten seinen eigenen Nachruf zu lesen.

Der Gedanke, daß man aus seinem Leben diesen Schluß ziehen, ihn als Händler von Tod und Zerstörung im Gedächtnis behalten würde, schockierte ihn.

So nahm er sein Vermögen und stiftete damit die Preise für der Menschheit nützliche Leistungen auf den verschiedensten Gebieten. Dafür erinnert man sich heute seiner, nicht wegen der Sprengstoffe. Als Nobel „am erfolgreichsten" war, arbeitete er gegen das Leben und gegen die Freundschaft. Dann erkannte er, was er hinterlassen würde, wenn er sonst nichts täte, und gab dem letzten Abschnitt seines Lebens eine andere Richtung.

In den letzten Jahren erschien eine Reihe von Büchern zum Thema „Wie werde ich Nummer eins?" Diese Bücher unterstellen, es gebe draußen eine Welt brutalen Wettbewerbes, und die einzige Art voranzukommen bestünde in rücksichtsloser Ausnützung der Schwächen anderer. Ich habe nicht nur deshalb Einwände gegen derartige Bücher, weil ich die darin vertretene Moral verurteile. Doch warum sollte das irgend jemanden beeindrukken? (Der Philosoph Nietzsche sagte einmal, Moral sei eine Verschwörung der Schafe, um die Wölfe davon zu überzeugen, daß es böse sei, stark zu sein.) Mein Einwand gegen die „Nummer-eins-Philosophie" besteht vielmehr darin, daß sie nicht funktioniert. Nutzen Sie andere Menschen aus, benutzen Sie sie, seien Sie argwöhnisch gegen jedermann, und Sie werden vermutlich so erfolgreich sein, daß Sie allen anderen weit voraus sind und verächtlich auf sie herabsehen. Wo aber ist dann Ihr Platz in der menschlichen Gesellschaft? Sie werden ganz auf sich gestellt sein.

In den letzten Jahren war ich viel auf Vortragsreisen unterwegs. Ich habe in rund achtunddreißig Staaten der USA und sechs fremden Ländern gesprochen. Oft werde ich vor meinem Vortrag in das Haus irgendeines prominenten Gemeindemitglieds zum Essen eingeladen oder hinterher zu einem Empfang. Meist sind meine Gastgeber sehr liebenswürdig und die Zusammenkünfte angenehm. Doch hin und wieder fühlte ich mich in dieser Umgebung unwohl, und eines Abends erkannte ich endlich, woran das lag.

Manche Menschen müssen dauernd ihre Ellenbogen gebrauchen, um ganz nach oben an die Spitze zu kommen, und wenn sie dort angelangt sind, können sie diese Gewohnheit schwer ablegen. Sie sind nicht imstande, sich zu entspannen und mit mir zu plaudern. Sie haben das Gefühl, mich mit der Aufzählung der Namen wichtiger Leute, die Sie kennen, beeindrucken zu müssen, um mir zu verdeutlichen, wie erfolgreich sie sind. Manchmal beginnen sie ein intellektuelles Streitgespräch mit mir und versuchen mir damit zu beweisen, daß sie über mein Thema mehr wissen als ich. Dann frage ich mich, warum sie auf einen Gast in ihrem Haus wie auf einen Konkurrenten reagieren, der herausgefordert werden muß. Vielleicht besteht ein Teil des Preises, den sie für den Erfolg bezahlt haben, ein Teil ihres Handels mit dem Teufel, wenn Sie so wollen, eben genau darin, dauernd aus Freunden Feinde zu machen?

Ich habe noch Verständnis dafür, daß Leute um Mitte dreißig, die Generation des Baby-Booms, eine Moral des Eigennutzes anziehend finden mögen. Viele von ihnen waren in jungen Jahren mit Unzulänglichkeiten konfrontiert, sie gingen auf überfüllte Schulen mit Schichtunterricht, sie wohnten in neuen, unfertigen Vororten. Ihre Jahre im College und als junge Erwachsene wurden vom Krieg in Vietnam erschüttert. (Ein 1948, zu Beginn des Baby-Booms, geborenes Kind war 1966, als die meisten Einberufungen erfolgten, achtzehn Jahre alt.) Zwar glauben alle jungen Erwachsenen, ihre Welt sei ganz anders als die Welt ihrer Eltern, doch diese Generation mag mehr Grund gehabt haben als die meisten anderen, so zu denken. Technologie, Mobilität, Macht und Reichtum Amerikas, die Drohung des Atomkrieges, all das machte das Nachkriegsleben in Amerika drastisch anders als die Welt, die ihre Eltern in den Depressions- und Kriegsjahren erlebt hatten. Diese neue Generation hatte so viele Wahlmöglichkeiten und so wenige Leitlinien, um ihre Entscheidungen zu treffen. Sie wurde ständig aufgefordert, für die Fehleinschätzungen anderer zu bezahlen, und waren gehalten, die Unordnung zu beseitigen, die andere angerichtet hatten. Kein Wunder, daß diese jungen Leute mit dem Glauben aufwuchsen, man sei darauf aus, sie auszunutzen, die Regierung sei korrupt, jede Autorität fragwürdig, Geschäftsleute seien sämtlich Gauner, und niemandem gehe es wirklich um ihr Wohl, auch wenn er das behauptet. Ihre Musik, ihre Filme, ihre Sitten verkünden dieses Mißtrauen und diese Desillusionierung. Warum sollte ich nicht allein an mich denken? Alle anderen tun das ja auch!

Ich habe auch Verständnis dafür, wenn ein Mann (und gelegentlich, aber seltener, eine Frau) mit Ende vierzig plötzlich ein eigennütziges und genußsüchtiges Leben unwiderstehlich findet, das Haus in einem Vorort mit einem Appartement in einem Haus für Singles mit Schwimmbad und Sauna vertauscht, seinen Kombiwagen mit einem zweisitzigen Sportwagen, sich die Haare färbt und einen Bart wachsen läßt (wenn der nicht allzu grau wird). Vielleicht ist er eines Lebens müde, das aus lauter Verpflichtungen besteht, Hypotheken und Rechnungen, die bezahlt und Kinder, die erzogen werden müssen. Der Humorist Sam Levenson pflegte zu sagen: „Als ich ein Kind war, sagten sie, ich solle das tun, was meine Eltern wollten. Als ich Vater wurde, sagten sie mir, ich solle das tun, was Kinder wollen. Wann kann ich endlich das tun, was ich will?" Ich kenne viele Männer in mittleren Jahren, die dasselbe sagen müßten, allerdings ohne darüber lachen zu können. Sie sehen diesen Ausweg nicht als Flucht aus Verantwortung und Rücksichtnahme, sondern als letzte, verzweifelte Chance, noch etwas Freude und Freiheit zu erhaschen in einem Leben, das bald zu zwei Dritteln vorüber und beim dritten und letzten Akt angelangt sein wird. (Ein Mitglied des texanischen Gesetzgebungsausschusses, das sich zugunsten eines Gesetzentwurfs aussprach, der gewisse Arten sexuellen Verhaltens verbot, soll gesagt haben: „Dreierlei stimmt nicht an dieser sogenannten neuen Moral. Sie verstößt gegen die Gesetze Gottes. Sie verstößt gegen die Gesetze von Texas. Und ich bin zu alt, um sie zu nutzen.")

Doch obwohl ich für das alles Verständnis habe, weiß ich doch, daß es als falsch anzusehen ist. Nicht nur als moralisch falsch, als etwas, das Gott kränkt, sondern als fehlgeleitet, als eine Politik, die uns veranlaßt, hart zu arbeiten, uns aber dazu verdammt, anderswo zu enden als dort, wohin wir möchten.

Ein Mann, der von Gail Sheehy für ihr Buch *Passages* (deutsch: *In der Mitte des Lebens,* München, Kindler 1976) interviewt wurde (er hatte seine Frau verlassen und lebte mit einem achtzehnjährigen Mädchen zusammen, das er gerade erst kennengelernt hatte), drückte es so aus: „Ich könnte es vor mir kaum verantworten, wenn ich Nan (seine Ex-Frau) links liegenlassen würde; sie hat nichts Unrechtes getan. Sie lebt immer noch in jener anderen Welt, in der wir alle nach bestimmten Plänen leben ... Ich habe von den jungen Leuten, die ich hier getroffen habe, gelernt, daß es keine Verpflichtungen gibt." Mit anderen Worten, Glück ist, keine Verpflichtungen zu haben, niemanden, dem man antworten muß (also frei von „Ver*ant*wort*ung*" sein), niemanden, dessen Bedürfnisse oder Probleme uns im Weg stehen oder uns anbinden.

Das Kredo des narzißtischen Menschen – „Ich bin nicht dazu da, mir über deine Bedürfnisse den Kopf zu zerbrechen, und ich erwarte nicht, daß du dich um meine kümmerst. Jeder ist für sich selbst da" – wurde nicht erst im zwanzigsten Jahrhundert erfunden. Es ist die neueste Formulierung einer Einstellung, die so alt ist wie die Menschheit selbst. Es war Kain, der verächtlich sagte: „Soll ich meines Bruders Hüter sein?" Er sagte es nicht, um seinen Mord an seinem Bruder Abel zu rechtfertigen, sondern aus dem Mangel an Besorgnis um das Wohlergehen seines Bruders: Ich kümmere mich um mein Wohl, und er kümmert sich um seines. Und was ist Kains Strafe? Er wird ein Wanderer auf der Erde, ohne einen Ort, den er sein Heim nennen kann, ohne Gemeinschaft, die ihn stützt und tröstet. Der erste Mann, der Nummer eins sein wollte, wird wie alle seine Nachkommen dazu verurteilt, sein Leben beziehungslos, außerhalb einer Gemeinschaft zu führen.

In meinem Lieblingsfilm *Casablanca* wird der Held Rick, gespielt von Humphrey Bogart, zuerst als zynischer, argwöhnischer, sich selbst verteidigender Mensch dargestellt. Er behält die Oberhand, indem er sich nur um sich selbst kümmert und zärtliche Gefühle für andere gar nicht erst aufkommen läßt. Als ein verzweifelter Mann in Ricks Bar von der Gestapo verhaftet wird, fragt er Rick:

„Warum haben Sie mir nicht geholfen?", und Rick schnaubt: „Ich verbrenne mir für keinen die Finger." Rick lebt mitten in der Grausamkeit und Ungerechtigkeit des Zweiten Weltkrieges und hat gelernt, daß nur der überlebt, der sich selbst der nächste ist. Das Leben hatte ihn verletzt, als er den „Fehler" beging, das Wohl eines anderen Menschen so ernst zu nehmen wie sein eigenes. Er ist zynisch geworden, sicher und erfolgreich. Doch irgendwann erkennt er, daß seinem Leben etwas fehlt. Die Umstände haben ihn gezwungen, hart und lieblos zu werden, aber er beobachtet die in Casablanca stationierten Nazi-Offiziere, hart, mächtig, unsentimental, und er weiß, daß er nicht wie sie sein will.

Am Ende opfert er seine Chance auf Flucht und Glück in einem Anflug von Großzügigkeit für die Frau, die er liebt. Sie reist nach England ab; er bleibt dazu verdammt, in Nordafrika umherzuirren. Wie Faust, wie der junge Martin Buber fand er das Leben unbefriedigend, solange er sich nur um sich selbst kümmerte. Erst als er das Leben anderer rettete und bereicherte, begann sein eigenes Leben einen Sinn zu bekommen. Wie Kain ist Rick Blaine ein Mann ohne Heimat geworden. Doch anders als Kain, der sich selbst zum Exil verurteilte, indem er sich nur noch um sich selbst kümmerte und sich weigerte, der Hüter seines Bruders zu sein, fühlt Rick sich dem Leben entfremdet, solange er sich nur um sich selbst kümmert. Er findet erst zu sich selbst, als er in einem Akt der Selbstaufopferung Heim, Reichtum und Sicherheit aufgibt. Er hat etwas ganz Wichtiges gewonnen: Persönlichkeit.

Kapitel 4

Wenn Gefühle allzu weh tun

Ich kann mir eine Welt vorstellen, die ein Spiegelbild unserer Welt ist; identisch, aber seitenverkehrt, wie das Negativ eines Fotos oder eine Landschaft, die sich in einem See spiegelt. Was in unserer Welt hoch ist, ist in dieser anderen Welt tief; was hier offen ist, ist dort geschlossen. In jener Welt könnte es auch einen Weisen geben, einen Mann wie den Prediger, aber dessen genaues Gegenteil. Auch er würde uns die Geschichte seiner frustrierenden Suche nach Sinn im zweiten Akt des Lebens erzählen. Doch wo unser Prediger den Sinn des Lebens in Reichtum, Vergnügen und Wissen erfahren wollte, würde ihn sein Zwilling in der anderen Welt in Armut, Schmerz und Ablehnung des Intellekts suchen.

Der Prediger unserer Welt versuchte, seinem Leben durch Streben nach Reichtum und Macht einen Sinn zu geben. Er wurde enttäuscht, weil ihn das von seinen Mitmenschen isolierte und ihn lehrte, sie als Konkurrenten und Hindernisse auf dem Weg zum Erfolg zu betrachten. Könnte man nicht versucht sein, dem genau entgegengesetzten Weg zu folgen, sinnvolles Leben zu finden, indem man lernt, ohne materielle Dinge auszukommen, und auf Reichtum und Macht verzichtet?

Einige Menschen haben das tatsächlich vorgeschlagen. Christliche und buddhistische Mönchsorden haben von ihren Mitgliedern gefordert, sich einem Leben in freiwilliger Armut und Bescheidenheit zu verpflichten, um der Korruption und Frustration zu entgehen, die das Streben nach Reichtum mit sich bringt.

Vor fast einem Jahrhundert hielt der große amerikanische Philosoph und Psychologe William James Selbstverleugnung für den richtigen Weg zu Glück und Erfüllung. Er glaubte, Kriege würden nicht so sehr aus militärischen wie aus psychologischen Gründen geführt, weil in jeder Generation Männer das Bedürfnis hatten, ihren Mut und ihre Männlichkeit auf die Probe zu stellen. In seinem Essay „The Moral Equivalent of War" (Das moralische Äquivalent des Krieges) nahm James an, die Menschen könnten dasselbe Ziel auf weniger zerstörerische Weise erreichen, indem sie freiwillig Selbstverleugnung übten und miteinander darin wetteiferten, wer mit weniger materiellen Annehmlichkeiten auskommen und mehr Härten ertragen könne als sein Mitmensch.

Der vielleicht größte moderne Fürsprecher, der den wahren Pfad zum Leben durch Verzicht auf weltliche Annehmlichkeiten finden wollte, war Mahatma Gandhi, der geistige Vater des modernen Indien.

Als Gandhi sich für den Kampf seines Volkes um Unabhängigkeit engagierte, legte er die modische Kleidung ab, die er als Rechtsanwalt getragen hatte, kleidete sich in ein Gewand aus schlichtem weißen Stoff und lebte und aß einfach. (Er sagte einmal, daß jeder, der mehr ißt, als er braucht, jemand anderem Nahrung stiehlt und daß jeder, der mehr Kleidungsstücke besitzt, als er braucht, um sich selbst zu bedecken, jemand anderen zwingt, ohne sie auszukommen.)

Doch in den hundert Jahren seit William James' Schriften hat es mehr Kriege gegeben und sind mehr Menschen in diesen Kriegen getötet worden als je zuvor. Männlichen Mut zu zeigen, indem man auf materielle Annehmlichkeiten verzichtet, scheint als Ersatz für Kampf nicht wirksam gewesen zu sein. Selbst die jungen Leute, die in den sechziger Jahren unseres Jahrhunderts den Universitäten den Rücken kehrten oder auf die Übernahme der elterlichen Betriebe verzichteten, um gegen die Betonung des materiellen Erfolges durch ihre Eltern zu protestieren, haben größtenteils den Rückweg in eine modifizierte „Tretmühle" gefunden. Die Aufnahme von Hypotheken und die Übernahme von Verantwortung für eine Familie bringen einen Menschen dazu. Das einzig verbleibende Symbol ihrer Ablehnung des komfortablen Lebensstils ihrer Eltern scheint die Gangschaltung statt der Automatik in ihren Autos zu sein.

Mönchsorden in der westlichen Welt finden immer weniger Menschen, die sich zu diesem Leben berufen fühlen, und in Indien waren auch nur wenige bereit, Gandhi auf seinem Weg zu folgen.

Und das ist vielleicht gut so. Wenn man Erik Eriksons psychologische Biographie Gandhis liest, dann lernt man die geistige Größe dieses Mannes kennen, erfährt aber gleichzeitig, daß er ständig von Schuld- und Unwertgefühlen gequält wurde.

Das veranlaßte ihn, zu hungern und sich mit anderen Askeseübungen selbst zu kasteien, während er die Menschen seiner Umgebung gleichzeitig schrecklicher Wünsche bezichtigte, die sich fraglos zuerst in ihm manifestiert haben mußten. Große Menschen, so unterstelle ich, haben auch ein Recht auf eigenartige Wesenszüge, und wir können Gandhi für seine Leistungen und die geistige Tiefe bewundern, ohne seine Einstellung zu Nahrung, Sex und Bequemlichkeit als Leitlinie für unser eigenes persönliches Streben übernehmen zu müssen.

Der Prediger unserer Welt, der frei war, alles zu tun, was er wollte, ging seinem Vergnügen nach. Tausende von Jahren später stellte Freud die These auf, das Streben nach Lust sei tatsächlich für einen gesunden Menschen Leitprinzip des Lebens.

Er lehrte, daß vieles an unserem menschlichen Verhalten wie in dem anderer Lebewesen zum großen Teil von dem Bemühen bestimmt ist, die Lust zu maximieren und den Schmerz zu minimieren. Wir handeln nur deshalb anders als Tiere, weil sich unser Verständnis für das, was lustvoll und schmerzvoll ist, von dem ihren unterscheidet. So gab sich der Prediger Wein, Frauen und Amüsement hin, bis er sich bewußt wurde, wie leer und eitel solch ein Leben war. Spaß kann das Dessert unseres Lebens sein, aber niemals der Hauptgang. Er kann eine willkommene Abwechslung vom alltäglichen Einerlei bedeuten. Doch sollte er jemals zum Alltag werden, dann stellen wir nämlich sehr schnell fest, daß man auf dieser Basis kein Leben errichten kann.

Ich denke an all die Menschen, die ich in der Oberschule kennenlernte (und beneidete), weil mir ihr Leben so viel amüsanter erschien als meines – die Sportler, die gutaussehenden, eloquenten Studenten, die ersten, die feste Freunde oder Freundinnen hatten. Damals beneideten wir sie alle, weil ihr Leben eine einzige, lange Party zu sein schien, ein Vergnügen nach dem anderen. Weder sie noch wir konnten damals wissen, daß ein Leben ständigen Vergnügens in den Teenagerjahren fast immer ein Leben der Frustration in den späteren Jahren nach sich zieht. Fähigkeiten werden nicht erworben, Gewohnheiten nicht gebildet und Lektionen über die reale Welt nicht gelernt in diesen Jahren, wenn man sich alles relativ mühelos aneignen kann.

Ist Ihnen je aufgefallen, daß eine nicht zu schwere Krankheit in jungen Jahren einen Menschen lehren kann, später immer um seine Gesundheit besorgt zu sein? Oder wie das Aufwachsen in beschränkten finanziellen Verhältnissen uns einen realistischen Begriff davon gibt, was es heißt, eine Mark zu verdienen oder auszugeben?

Wie soll man im Sinne von Jungs Beobachtung, daß „nur der verwundete Arzt heilen kann", ein junger Mensch, der alles immer mühelos bekommen hat, Geduld und Toleranz für die Mißerfolge anderer haben? Vielleicht ist das der Grund, warum sich die von Natur aus begabtesten Ballspieler oft als schlechte Trainer erweisen. Sie wissen nicht, wie sie anderen beibringen sollen, was sie selbst so mühelos beherrschen lernen. Wird jemand, dem in jungen Jahren alles in den Schoß fiel, jemals die Disziplin haben, geduldig zu sein, oder wird er unvorbereitet sein, wenn der Tag kommt, an dem ihm das Lachen vergeht und die Leute seine Wünsche abschlägig zu bescheiden beginnen?

Wie traurig ist es, wenn die Jahre in der Hochschule den Höhepunkt des Lebens darstellten und es von da an nur noch bergab geht. Irwin Shaw hat eine Kurzgeschichte mit dem Titel „The Eighty-Yard-Run" (Der achtzig-Yard-Lauf) geschrieben, die ich vor vielen Jahren las und nie mehr vergaß. Ein Neuling im College schafft bei seinem ersten Football-Training einen achtzig-Yard-Touchdown-Lauf. Seine Kameraden sehen ihm bewundernd-ehrfürchtig zu. Sein Trainer sagt: „Du kannst es bei uns zu etwas bringen." Seine blonde Freundin holt ihn nach dem Training ab und küßt ihn zärtlich. Er hat das Gefühl, daß das Leben vollkommen befriedigend ist. Doch für den Rest seines Lebens kommt nie wieder ein Tag wie dieser. Seine Football-Erfolge gehen nie über das Niveau der Mittelmäßigkeit hinaus. Seine berufliche Karriere ist ebenso enttäuschend, seine Ehe schlecht, und der Schmerz des Scheiterns ist um so größer, weil er sich daran erinnert, an einem vollkommenen Tag vor vielen Jahren geglaubt zu haben, das Leben würde stets so angenehm sein.

Vor einigen Jahren brach eine Frau in meiner Gemeinde aus einer unglücklichen Ehe aus. Jung, attraktiv, mit einem guten Job, war sie gefühlsmäßig so verletzt, daß sie es nicht eilig hatte, eine neue Beziehung einzugehen. Ein paar Jahre lang gehörte sie zur „Swinging Singles"-Szene. Heute sieht sie mich über ihrer dritten Tasse Morgenkaffee und einem Aschenbecher voller Zigarettenstummel an und sagt: „Ich weiß, daß die Leute mich beneiden – die Partys, die Ferien, die Freiheit von Verantwortung. Ich wünschte, ich könnte ihnen begreiflich machen, wie sehr ich *sie* beneide. Ich wünschte, ich könnte ihnen sagen, wie schnell all das langweilig und eintönig wird und man feststellt, daß man Dinge tut, die man eigentlich gar nicht tun will, nur, um nicht immer dasselbe zu tun. Wie gern würde ich all das dafür hergeben, abends das Geräusch einer zufallenden Autotür und vertrauter Schritte auf der Treppe zu hören."

Wenn des Predigers Streben nach Vergnügen unbefriedigend blieb und einer Schneeflocke ähnlich war, die so schön aussieht, wenn sie auf die Erde niederschwebt, sich aber auflöst, sobald man sie festzuhalten versucht, welchen Weg könnte dann der Weise aus unserer eingebildeten spiegelbildlichen Welt einschlagen? Wäre es möglich, daß er den Sinn des Lebens im freiwilligen Erdulden von Schmerz suchen könnte? Es hört sich eigenartig an, aber manche Menschen tun genau das. Ihr Ruf lautet wie der des Dr. Faust: „Ich will wissen, daß ich gelebt habe." Die Antwort, die sie bekommen, ist: „Das einzige der Mühe werte Leben ist ein Leben des Leidens und der Selbstaufopferung. Für sich selbst zu leben bringt nie Zufriedenheit. Nur das Leben für andere."

Ich habe Menschen gekannt, die die Rolle des Märtyrers wählten (oder es so einrichteten, daß ihnen diese Rolle zugeteilt wurde), in der Familie oder im Beruf.

Sie schienen keine eigenen Wünsche zu haben außer dem, die Wünsche anderer Leute zu erfüllen. Sie schienen sich nur dann wohl zu fühlen, wenn sie von anderen ausgebeutet oder ausgenutzt wurden. Einige waren Ehefrauen von Alkoholikern, Drogenabhängigen oder besessenen Spielern. Einige waren Männer oder Frauen, deren Ehepartner sie physisch und psychisch mißbrauchten und sie mit Fäusten oder Worten schlugen. (Ich erinnere mich, daß ich einmal eine Frau aus meiner Gemeinde aufsuchte, die mir gesagt hatte, sie müsse über ihre Eheprobleme sprechen. Sie bot mir die wahrscheinlich schlechteste Tasse Kaffee an, die ich je in meinem Leben getrunken habe, einen Löffel Pulverkaffee mit lauwarmem Wasser aus dem Hahn, und erzählte mir von ihren Konflikten mit ihrem Mann, während ich so tat, als trinke ich den Kaffee. „Immer macht er mich schlecht. Nichts, was ich tue, ist in seinen Augen jemals gut. Ständig kritisiert er mich. Ich kann es nicht mehr aushalten. Wenn ich noch ein Wort der Kritik höre, bringe ich mich um. Wie ist Ihr Kaffee, Rabbi? Möchten Sie noch eine Tasse?")

Diese Menschen scheinen kein bißchen gesunde Selbsteinschätzung zu haben. Sie meinen wohl, kein Recht zu haben, etwas für ihr eigenes Wohl zu tun, sondern sich ganz den Bedürfnissen anderer unterordnen zu müssen. Vielleicht hat ihnen früh im Leben jemand – ihre Eltern oder sogar ihr Religionslehrer – beigebracht, sie taugten nichts, und sie haben das Gefühl bekommen, daß sie ihre Existenz nur dadurch rechtfertigen können, daß sie zum Fußabtreter für andere werden. Sie scheinen unglücklich über den Schmerz, der ihnen zugefügt wird, gleichzeitig aber finden sie sich damit ab, und es sieht ganz so aus, als widerstrebe es ihnen, etwas an dem Zustand zu ändern. Sie glauben offensichtlich, daß sie zu Recht leiden müssen.

Nur zu oft ließ sich die Stimme der Religion vernehmen, die das Leiden rechtfertigte. Sie sagte den Menschen, sie hätten „ihr Kreuz zu tragen", das Schicksal, das Gott ihnen bestimmt hatte oder das sie selbst durch ihre sündigen Gedanken und Taten verdient hätten. Man hat den Menschen eingeredet, sie sollten ihre Heimsuchungen lieben, und sie tun ihr Bestes, das zu befolgen.

Solche Fälle sind natürlich relativ selten. Aber sie deuten auf ein viel häufigeres Phänomen hin, nämlich die Einstellung eines Menschen, der zu sich selbst sagt: „Es ist nicht recht, daß es mir so gut geht. Ich verdiene das nicht. Zum Ausgleich muß ich mir etwas antun." Hier haben wir es mit einem der fundamentalsten Konflikte im Charakter westlich geprägter Menschen zu tun. Einerseits sind zum Beispiel wir Nordamerikaner schrecklich genußsüchtig. Wir verschwenden die Energiereserven der Welt, um es im Winter wärmer und im Sommer kühler zu haben, als die meisten Menschen es notwendig finden. Wir statten unsere Autos üppiger aus als Leute in anderen Ländern ihre Häuser, mit Plüschsitzen, Klimaanlage und Stereomusik. Wir essen gern gut, kleiden uns gut, leben gut. Doch gleichzeitig sind wir die geistigen Kinder der Puritaner, die diese Küsten besiedelten, und dieses Erbe verursacht uns Schuldgefühle, wenn wir zu viel körperliche Bequemlichkeit genossen haben. So gut sollten Leute nicht leben, flüstert eine Stimme in uns, und deshalb sollten wir lieber Buße tun.

Für die Puritaner war das Leben eine grimmige, ernste Sache. Stets lauerte irgendwo die Sünde, um die Menschen vom rechten Weg abzubringen. Die Purinater erließen tatsächlich Gesetze gegen das Lachen am Sonntag, dem Tag des Herrn. Für sie war es Unterhaltung, auf einer harten Holzbank in der Kirche zu sitzen und einer dreistündigen Predigt über die Qualen der Hölle zu lauschen. (Jemand definierte den Puritaner einmal als einen Menschen, der den Stierkampf verbieten würde, nicht, weil er dem Stier Schmerzen verursacht, sondern weil er den Zuschauern Vergnügen macht.)

Wir Amerikaner haben diese beiden Extreme geerbt, aber nie gelernt, sie miteinander zu versöhnen und mit beiden bequem zu leben. Ständig geraten wir in den Kreislauf von Genußsucht und Schuldgefühlen und bestrafen dann unseren Körper, um alles wiedergutzumachen. Wir essen zuviel, und dann halten wir Diät; wir fahren zwei Häuserblocks weit zum Briefkasten, und dann fahren wir noch eine Meile weiter, um uns in einem Fitnessraum oder Schwimmbad Bewegung zu verschaffen. Es ist, als verspürten wir einen inneren Zwang, uns für die „Sünde" des Wohlbefindens zu bestrafen.

Warum hat Lorraine, die seit knapp einem Jahr mit einem Mann verheiratet ist, den sie sehr liebt, solche Schwierigkeiten, sich zu entspannen und die Liebe mit ihrem Mann zu genießen? Warum erinnerte sie sich dauernd an die Ermahnungen und Warnungen ihrer Mutter, wenn sie zu einer Verabredung ging oder von einer nach Hause kam? Warum kann sie nicht aufhören, Schuldgefühle zu haben, wann immer sie etwas Angenehmes erlebt?

Warum verläßt Harry, ein vierundvierzigjähriger Geschäftsmann, zweimal täglich das Schwimmbad seines Hotels in Florida, um in seinem Büro anzurufen? Warum meint er, verantwortungslos und genußsüchtig zu sein, wenn er versucht, sich zu entspannen und seinen Urlaub zu genießen, und warum beklagt sich seine Frau dauernd über das Essen in ihrem Luxushotel? Warum gibt Max, der in Europa geboren wurde und als Kind nach Amerika kam, großzügige Spenden an jede Wohltätigkeitsorganisation, die in ihren Anzeigen ein hungriges Kind abbildet? Hören wir alle Stimmen, die uns sagen, wir verdienten unser Wohlleben nicht? Glauben wir alle insgeheim, es sei nicht in Ordnung, sich wohl zu fühlen, und alles Angenehme könne ja nicht andauern, weil wir es nicht verdienen?

Ich glaube, es liegt tatsächlich ein Sinn darin, den Schmerz zu suchen, um die Annehmlichkeiten und Vergnügungen des Lebens „auszugleichen". Ich erinnere mich an die Zeit, als ich joggte. Bis ich mir vor einigen Jahren das Knie verletzte, lief ich jeden zweiten Morgen drei bis fünf Meilen und trug dabei mein T-Shirt, das auf dem Rücken die Aufschrift „Jesaja 40:31" hatte. (Der Vers lautet: „Aber die auf den Herrn harren, erhalten neue Kraft, daß sie auffahren mit Flügeln wie Adler, daß sie laufen und nicht matt werden, daß sie wandeln und nicht müde werden." Es half aber nichts.) Ich betrachtete die anderen Läufer auf den Straßen in der Nähe meiner Wohnung, ihre schweißglänzenden Körper, die starr geradeaus blickenden Augen, und entdeckte den gleichen Ausdruck der Entschlossenheit auf ihren Gesichtern, den sie zweifellos auch bei mir wahrnahmen. Unser Laufen hatte nichts vom spontanen Überschwang eines spielenden Kindes oder der mühelosen Anmut eines von Natur aus sportlichen Menschen, sondern eher etwas von einer grimmigen, verbissenen Verpflichtung, fast einen Hauch von religiöser Buße. Ich weiß noch, wie ich meinen protestierenden Körper zwang, noch eine Meile zu laufen, und mir sagte: „Ich habe gesündigt, weil ich zu nachlässig mit meinem Körper umgegangen bin. Ich bin gefahren, wo ich hätte zu Fuß gehen können. Ich habe zuviel gegessen und getrunken und mir noch ein Stück Pastete genommen, wo ich eigentlich hätte aufhören sollen. Ich habe zu lange am Schreibtisch gesessen. Das muß ich büßen und mich selbst bestrafen, meinem Körper das Laufen auferlegen und ihn den Kraftmaschinen unterwerfen, bis mir alles so weh tut, daß ich zufrieden bin, weil mein Körper den Preis für seine Genußsucht bezahlt hat." (Beachten Sie, wie ich in meinem Denken den Körper, der gesündigt hat und leiden muß, vom Geist trenne, der ihn verurteilt und bestraft.) Darum hängen in Fitnessräumen überall im Land Schilder mit Aufschriften wie „Ohne Schweiß kein Preis" und „Wenn es nicht weh tut, machen Sie es nicht richtig". Wir scheinen Freud Lügen zu strafen, wenn wir den Schmerz begrüßen und sogar genießen.

Der Konflikt kann sogar noch tiefer reichen. Er könnte eine Folge der seelischen Zerrissenheit in den westlichen Zivilisationen sein. Unsere Zivilisation entstammt im wesentlichen zwei Wurzeln, der griechischen und der jüdisch-christlichen.

Die Griechen waren wie alle Völker vor dem Aufkommen des biblischen Judentums und der Entstehung des Christentums Heiden. Heidentum bedeutet mehr, als nur viele Götter zu verehren. Es war eine Vergöttlichung der Natur; alles, was natürlich war, war auch göttlich. Für die Heiden zeigte sich Gott im Regen, in der Ernte, im Kreislauf der Sonne und der Jahreszeiten und in der Form und Fruchtbarkeit des menschlichen Körpers. Auf der untersten Ebene waren die Götter und Göttinnen der Heiden Regenmacher- und Fruchtbarkeitszauberer.

Da sie eine Parallele zwischen dem Regen sahen, der ein Feld fruchtbar machte, und dem menschlichen Samen, der Frauen befruchtete, hielten die heidnischen Menschen im Frühjahr wilde sexuelle Orgien ab, um das Wachstum der Feldfrüchte und die Geburt vieler Kinder zu erreichen. Im Herbst feierten sie weitere Orgien, um ihre Dankbarkeit für die Ernte zu zeigen, und manchmal gab es auch Orgien zur Wintersonnenwende, um die schwächer werdende Wintersonne zu stärken. (Wenn es darum geht, Orgien abzuhalten, sind vermutlich alle Entschuldigungen recht.) Die Bibel beschreibt mit Abscheu die kultische Prostitution in den Tempeln Baals, des kanaanitischen Regengottes.

In seiner verfeinerten Form, etwa im alten Griechenland, äußerte sich das Heldentum in der Verehrung von Schönheit und Ebenmaß. Es gab uns die Architektur des Parthenons, die wunderbaren Statuen männlicher und weiblicher Körper und die Weltsicht, die viele Jahrhunderte später in Keats „Ode an eine griechische Urne" festgehalten wurde:

*Schönheit ist Wahrheit, Wahrheit Schönheit – das ist alles,
was du auf Erden weißt, und alles, was du wissen mußt.*

Doch Schönheit ist nicht unbedingt Wahrheit. Ein
schöner Mensch kann eitel, egoistisch, illoyal sein. Ein
schönes Gebäude kann ein Hort der Korruption und
Unehrlichkeit sein. Die Bibel verwarf den Gedanken, die
Natur sei göttlich und Schönheit sei Wahrheit, und
beharrte statt dessen darauf, Redlichkeit sei Wahrheit.
Das Buch der Sprüche warnt uns: „Lieblich und schön
sein ist nichts; ein Weib, das den Herrn fürchtet, soll man
loben." (Sprüche 31:30) Die Natur ist nicht göttlich. Sie
ist ein Teil von Gottes Schöpfung und kann wie der Rest
der göttlichen Schöpfung zum Guten benutzt oder für das
Böse mißbraucht werden.

Die biblische Ablehnung des Heidentums mag weit bis
zur Szene im Garten Eden zurückreichen, als Eva die ver-
botene Frucht „gut zu essen ... und lieblich anzusehen"
findet und mehr ihrem Appetit folgt als ihrem Gefühl für
Recht und Unrecht. Wenn ich den moralischen Druck der
Bibel in einem Satz zusammenfassen sollte, müßte er lau-
ten: „Tue nicht das, wonach dir ist; tue, was der Herr von
dir verlangt." Die biblische Sexualmoral, die Speisevor-
schriften der Hebräer, die Mildtätigkeit gegenüber den
Armen und Gerechtigkeit gegenüber dem Fremden –
alles waren Versuche, die Menschen zu veranlassen, ihre
„natürlichen Impulse" zu überwinden. Bis zum heutigen
Tag enthalten sich Juden an Yom Kippur, dem Tag der
Buße, des Essens, Trinkens und der Sexualität, nicht, um
sich selbst für ihre Sünden zu bestrafen und Gottes Mit-
leid zu gewinnen, sondern um dramatisch ein Zeichen für
die keinem anderen Lebewesen, nur dem Menschen
eigene Fähigkeit zu setzen, die Instinkte beherrschen zu
können. Tiere lehnen verdorbene Nahrung ab; sie können physisch oder durch Angst vor Strafe dazu gezwungen werden, nicht zu fressen oder sich nicht zu paaren.

Doch sie können sich nicht freiwillig enthalten. Nur Menschen (und manchmal denke ich, nicht alle Menschen) können das. Wo die Heiden Göttlichkeit in der Erfüllung der natürlichen Instinkte des Menschen sahen (Der moderne Fürsprecher des Heidentums, Ernest Hemingway, definierte es einmal so: „Moralisch ist, wonach man sich gut fühlt, und unmoralisch ist, wonach man sich schlecht fühlt"), fand die Bibel das Bild Gottes in der menschlichen Fähigkeit, den Instinkt zu kontrollieren.

Das Heidentum, gegen das sich die Bibel wandte, war das rohe, lärmend sexuelle Heidentum kanaanitischer Bauern, die nichts anderes im Sinn hatten, als Kriege zu führen, Feldfrüchte anzubauen und Kinder zu zeugen. Doch in den Jahrhunderten zwischen den beiden Testamenten wurde Israel von Alexander dem Großen erobert, und die Menschen lernten das Heidentum in seiner verfeinerten, griechischen Version kennen. Die griechische Kultur bestand nicht aus Fruchtbarkeitsriten und Baal-Verehrung, sondern war die Philosophie von Platon und Aristoteles, das Drama von Aischylos und Sophokles, Architektur, Kunst und Bildhauerei. Vom biblischen Standpunkt aus hatte die griechische Kultur allerdings einen bösen Makel, weil sie weiterhin Schönheit und Lust als göttlich ansah und nicht als zwei von Gottes minderen Schöpfungen. Die Griechen ihrerseits konnten nie verstehen, daß die Juden physische Schönheit so gering achteten. Warum trainierten sie nicht mehr? Warum stellten sie ihre Körper nicht zur Schau, damit die Leute sie bewundern konnten? Warum hatten sie das Gefühl, Gott zu gehorchen, wenn sie die Vollkommenheit Seiner Schöpfung entstellten, indem sie ihre Söhne beschnitten?

In James Micheners Roman *The Source* (Die Quelle) gibt es eine klassische Konfrontation zwischen Juden und Griechen, angesiedelt im Jahre 168 vor Christus, unmittelbar vor der Revolte der Makkabäer. Jehubabel, der Führer der jüdischen Gemeinde, hat eine Verabredung mit dem örtlichen griechischen Gouverneur Tarphon getroffen, um sich über eines der neuen Gesetze des Kaisers zu beklagen. Sie treffen sich im Turnsaal, wo Tarphon trainiert hat. Der Gouverneur ist vollkommen nackt und zeigt seinen Körper triumphierend im Sonnenlicht. Der Vertreter der Juden dagegen ist so bekleidet, daß nur seine Augen und seine Nase zu sehen sind. Keiner von beiden kann verstehen, warum der andere so bekleidet (oder nackt) ist. Jeder betrachtet die Sitten des anderen als eine Form von Blasphemie.

Zur Zeit des Neuen Testaments war das Land Israel ein Teil des Römischen Reiches, das griechische Kultur mit römischem militärischem und politischem Geschick verband. Die religiösen Führer der frühen Christenheit waren so abgestoßen von der lärmenden Sexualität des römischen Lebens – der Nacktheit, der Homosexualität sowie vom unmäßigen Essen und Trinken der Römer –, daß sie schließlich fast alle körperlichen Freuden ihrem Wesen nach als sündig ansahen. Sie lehrten, zwischen der Seele, die rein, heilig und nichtstofflich, und dem Körper, der grob, dem Verfall unterworfen und die Ursache der Sünde war, zu unterscheiden. Aus welchen Gründen auch immer, vielleicht um sie zu prüfen, war die Seele während ihres Aufenthalts auf Erden in einen Körper aus Lehm gesperrt. Doch Gott wollte, daß sie den Versuchungen des Fleisches widerstand und rein und unberührt zu Ihm zurückkehrte. Vertreter der frühen Christenheit reagierten auf die Exzesse des römischen Lebens – den wahllosen Sexualverkehr, die auffallende Zurschaustellung von Reichtum, die Völlerei – ihrerseits mit Extremismus und lehnten jeden sexuellen Kontakt, jeden Reichtum, jeden Wein oder jede üppige Speise ab.

Im frühen Mittelalter, als Gewalt, Wollust und das Streben nach Reichtum die europäische Gesellschaft beherrschten und sogar die höchsten Kreise der Kirche ansteckten, wandten sich die sensibelsten religiösen Seelen von der Welt ab und gründeten Mönchsorden, die sich auf den Idealen der Armut und Keuschheit gründeten. Wieder schien es keinen Mittelweg zu geben. Entweder verlor man sich in einer Welt materieller Güter und sinnlicher Freuden, oder man floh diese Welt und all ihre sündigen Versuchungen und lehrte seine Seele, den Körper zu beherrschen.

Wir alle sind Kinder der modernen westlichen Welt, geformt vom Einfluß der Bibel, der Kirche und der griechischen Kultur. Wir haben sowohl die griechische Liebe zu physischen Freuden als auch die biblische Einstellung dazu geerbt. Wir sind hin und her gerissen, finden körperliche Freuden unwiderstehlich, schämen uns ihrer aber auch und leiden unter Schuldgefühlen. Wir sind nie zu einer klaren Meinung über den Sex gekommen; manchmal sehen wir ihn als den wichtigsten Schlüssel zum Glück, manchmal als Ursache der meisten Miseren und Perversionen der Welt. Wir machen Witze über Sex, weil das Thema uns ängstigt, und Humor ist eine der Möglichkeiten, mit unserer Angst umzugehen. „Sittenpolizei" und „Moralwächter" befassen sich fast ausschließlich mit sexuellen Angelegenheiten, als können man nur auf sexuelle Art unsittlich oder unmoralisch sein. Wir betrachten Filme und kaufen Magazine, die den nackten oder fast nackten menschlichen Körper glorifizieren, aber wir fühlen uns dabei doch schuldig oder unbehaglich – einigen von uns bereitet soviel sexuelle Freiheit Unbehagen, andere lehnen die Ausbeutung dessen ab, was nur in der Intimität gezeigt werden sollte –, weil wir geistig sowohl Kinder Athens als auch Kinder Jerusalems sind.

Auch über das Essen haben wir uns nie eine klare Meinung gebildet. Es bedeutet uns eindeutig mehr als bloße Ernährung, Brennstoff für unseren Körper. Essen wird ein Symbol für Liebe; das fängt schon an, wenn wir erst wenige Stunden alt sind: Die Mutter zeigte uns, daß sie uns liebte, indem sie uns zu essen gab. Essen repräsentiert

Belohnung und Trost. Wenn wir verletzt, zornig, einsam, ängstlich sind, beruhigen wir uns mit Essen. Doch Essen repräsentiert auch die Versuchung (erinnern Sie sich an Eva?), den Beweis, daß wir willensschwache, genußsüchtige Geschöpfe sind, die es verdienen, für ihre Schwächen verdammt zu werden.

Wenn die heidnische Hälfte unserer Seelen die Kontrolle über uns hat, geben wir unseren Gelüsten zu sehr, zu üppig, zu häufig nach. Wenn die puritanische Seite an der Reihe ist, bestrafen wir uns selbst. (Interessanterweise stammen die beiden englischen Worte „pain" (Schmerz) und „punish" (bestrafen) aus derselben lateinischen Wurzel.) Wir halten Diät, wir trainieren so hart, daß es kein Vergnügen mehr macht, oder lehnen den Gedanken ab, daß Essen überhaupt eine angenehme Tätigkeit sein sollte. Es wird zu einer unbequemen, unangenehmen Notwendigkeit wie für manche Menschen der Sex. Wir gehen so weit, daß wir Brot essen, das wie Baumwolle schmeckt, und Gemüse aus der Plastikverpackung. Wir erfinden Fertiggerichte und Schnellrestaurants, um kaum noch Zeit fürs Essen aufwenden zu müssen.

Es sollte vollkommen klar sein, daß wir unmöglich zufrieden sein können, wenn wir ständig mit uns selbst Krieg führen, wenn unser Körper und unser Gewissen in ständigem Kampf liegen. Das Gewissen nennt den Körper pervers, der Körper das Gewissen prüde.

Wir fragen: Wie soll ich leben?, und eine der Stimmen in uns antwortet: Genieße dein Leben!, während eine andere uns drängt: Enthalte dich! Wir möchten uns vergnügen, doch wir sagen uns dauernd: Das ist leichtfertig; warum tue ich das? Wir versuchen, den Ernst des Lebens zu betonen, nur um uns dann bei der Frage zu ertappen: Wem mache ich eigentlich etwas vor? Der Prediger, vielleicht der erste biblische Autor, der sowohl Jude als auch Grieche war, hörte diese beiden Stimmen auch. Die eine sagte ihm: „Das Leben ist kurz. Verschwende es nicht;

genieße es, solange du kannst, denn wer weiß, wie lange es dich geben wird?" Die andere dagegen warnte unablässig: „Das Leben ist kurz; verschwende es nicht an kurzlebige, eitle Dinge." Kein Wunder, daß er verwirrt war.

Ob dieser innere Konflikt nun unserem gemischten griechisch-jüdisch-christlichen Erbe entstammt oder (wie bei Gandhi) der östlichen Einstellung gegenüber dem Körper und materiellen Dingen im allgemeinen, wir werden nie zur Ruhe kommen, solange wir nicht einen Ausweg finden aus dem Kreislauf von Genußsucht und Schuld und Selbstverleugnung, Sex und Scham, Völlerei und Diät. Wie können wir innerem Frieden und Zufriedenheit auch nur nahe kommen, wenn eine Hälfte in uns die andere Hälfte haßt und verachtet?

Ich möchte einen Gedanken mit Ihnen teilen, den ich für einen der tiefsten mir bekannten religiösen Gedanken halte. Im Talmud, der gesammelten Weisheit der Rabbiner der ersten fünf Jahrhunderte, steht geschrieben: „In der zukünftigen Welt wird jeder von uns aufgerufen werden, Rechenschaft abzulegen über alle guten Dinge, die Gott der Erde gab und an denen zu erfreuen wir uns geweigert haben." Ist das nicht eine bemerkenswerte Aussage für einen religiösen Führer?

Kein Abscheu, keine Verachtung für den Körper und seine Gelüste. Statt dessen ein Gefühl von Achtung vor den Freuden des Lebens, die Gott zu unserem Genuß geschaffen hat, ein Weg, Gott in der Welt durch das Erleben freudiger Momente zu sehen. Wie alle Gaben können sie natürlich mißbraucht werden, doch dann liegt der Fehler bei uns, nicht bei Gott. Wir alle haben Menschen gesehen, die sich so übermäßig auf Essen, Trinken, Sex oder Geldausgeben stürzen, daß sie es nicht mehr zu genießen imstande waren. Der zwanghafte Trinker, der zwanghafte Schürzenjäger kommt bald an den Punkt, an dem er sich an seinem Whisky oder seinen sexuellen Affairen nicht mehr erfreuen kann. Er greift nur danach, um den

Schmerz zu stillen, um das Bedürfnis zu beseitigen. Doch wenn man sie richtig benutzt, kann man alle diese Gelüste als Gaben Gottes an uns ansehen, die Freude in unser Leben bringen sollen. (Kürzlich entdeckte ich eine ähnliche Einstellung in einem römisch-katholischen Konvent. Eine Ordenskandidatin sollte nur dann akzeptiert werden, wenn sie „gut aß, gut schlief und gern lachte.")

Den menschlichen Körper und die ganze natürliche Welt mit Abscheu oder Argwohn zu betrachten ist ebenso Häresie wie ihre uneingeschränkte Verehrung. Der Mensch, der nach Schmerz und Unbehagen strebt, weil er sie zu verdienen glaubt, weil er es für sündig hält, das Leben leicht und angenehm zu finden, ist ebenso irregeleitet wie der Mensch, der gedankenlos nach Lust als nach dem einzigen Lebenszweck sucht. Beide werden gleichermaßen zu des Predigers melancholischem Schluß kommen: „Ich sah an alles Tun, das unter der Sonne geschieht, und siehe, es war alles eitel und Haschen nach Wind."

Kapitel 5

Keine Freude empfinden und keinen Schmerz?

Etwa ein Jahr nach Erscheinen meines Buches über die Bewältigung von Leid wurde ich eingeladen, an einer Konferenz am Randolph-Macon-College in Ashland, Virginia, teilzunehmen. Sie stand unter dem Motto: „Fünf religiöse Perspektiven zum Leiden." Es war eines der anregendsten Wochenenden meines Lebens. Ich war der jüdische Vertreter neben einem Christen, einem Buddhisten, einem Moslem und einem Hindu. Jeder von uns zeigte die Ansichten seines Glaubens auf: Warum leiden Menschen, und welche Ratschläge gibt seine Religion, um damit fertig zu werden?

Der Vertreter der Hindus erklärte mir eines Abends beim Essen, seine Religion lehre ihn, mit Schmerz und Leid nicht dadurch umzugehen, daß er sie verleugne oder ignoriere, sondern indem er sich über sie erhebe. Seine Religion lehrt ihn, die schmerzlichsten aller vorstellbaren Erfahrungen mit den Worten anzunehmen: „Ich will nicht, daß du mich verletzt. Ich will das Schlimmste erleben, was geschehen kann, und darüber triumphieren. Ich will die Kunst lernen, mich vom Schmerz zu lösen und ihn zu bewältigen." Wir alle haben Bilder von Hindus gesehen, die auf glühenden Kohlen laufen oder auf Brettern mit spitzen Nägeln ruhen. Sie tun mit ihren Körpern, was sie auch mit ihren Seelen zu tun versuchen; sie bringen ihnen bei, Schmerz nicht zu fühlen. Der Schmerz ist real, aber er tut nicht weh. Ich erinnere mich, gelesen zu haben, wie der durch Watergate berühmte G. Gordon Liddy seine Zähigkeit zu zeigen pflegte, indem er seine Hand über eine offene Flamme hielt. Wenn er gefragt wurde: „Tut es nicht weh?", antwortete er: „Natürlich tut es weh. Der Trick besteht darin, den Schmerz nicht zu fühlen."

Mein Tischgefährte sagte mir an diesem Abend: „Welches Glück Sie hatten, ein Kind zu verlieren, als Sie noch so jung waren. So konnten Sie lernen, Trauer und Schmerz zu besiegen. Die meisten Leute haben eine solche Gelegenheit erst, wenn sie viel älter sind." Er fuhr fort: „Wenn ein Mensch stirbt, ist das keine Tragödie. Seine Seele kehrt in den großen Strom des Lebens zurück wie der Wassertropfen in den Ozean, seine Quelle. Sterben ist nicht schmerzhaft. Es ist das Leben, das schmerzhaft ist, weil Lebendigsein uns vom Rest des Lebens isoliert und verwundbar macht. Wenn wir unsere Zeit der persönlichen Existenz vollenden, schließen wir uns wieder an den Strom des Lebens an. Das Leben Ihres Sohnes war voller Schmerzen und tragisch, und das nicht nur, weil er krank war. Jedermanns Leben ist schmerzerfüllt und tragisch. Doch sein Tod war nicht tragisch. Sein Tod brachte ihm Frieden, und er hätte auch Ihnen Frieden und ein Gefühl der Ruhe geben sollen; nur Ihre Gewohnheit, sich vieles zu wünschen, Gesundheit zu wünschen, Kinder zu wünschen, zu wünschen, daß alles gut ausgeht, hält den Schmerz in Ihnen lebendig." Er beugte sich über den Tisch: „Sie sind ein weiser Mann und ein guter Autor, aber die wichtigste Wahrheit von allen müssen Sie noch lernen: Niemand leidet in dieser Welt außer den Menschen, die sich Dinge wünschen, die sie nicht haben können. Wenn Sie lernen, nichts zu wollen, werden Sie sich über das Leiden erheben."

Ich sah ihn ungläubig an. Er war ein Mann, den ich persönlich mochte und wegen seiner religiösen Aufrichtigkeit respektierte. Doch das, was er sagte, war das absolute Gegenteil von dem, was ich fühlte und glaubte. Was seine Religion ihn über Leben und Tod lehrte, war so anders als das, was meine Religion mich lehrte. Ich hatte nicht das Gefühl, Glück gehabt zu haben, weil ich einen Sohn verloren hatte, den ich liebte. Und ich hatte auch keine Ruhe erlangt oder den Schmerz überwunden. (Darauf hätte mein Freund erwidert, daß meine Trauer und mein religiöses Empfinden noch unvollkommen seien.) Das Gefühl des Verlusts schmerzte auch noch Jahre später, obwohl ich gelernt hatte, damit zu leben. Mehr als das, ich glaubte, es *solle weh tun.*

Ebenso wie tote Zellen, unsere Haare und Fingernägel, keinen Schmerz fühlen, wenn sie geschnitten werden, während lebende Zellen bluten und schmerzen, glaube ich, daß geistig tote Seelen abgeschnitten, von anderen Seelen getrennt werden können, ohne daß sie Schmerz empfinden. Aber lebende, empfindsame Seelen sind leicht verletzbar.

Ich werde nicht gern verletzt. Ich habe keine Freude an Schmerz. Doch ich glaube, daß ich Abstriche von meinem Menschsein mache, wenn ich die Kunst des Loslösens so gut erlerne, daß ich den Tod eines Freundes oder Verwandten, den Anblick hungernder Kinder in den Fernsehnachrichten hinnehmen kann, ohne emotional davon berührt zu werden. Vielleicht müssen Menschen, die in einem Land mit bedrückender Armut, hoher Kindersterblichkeit, häufigen Überschwemmungen, Hungersnöten und Naturkatastrophen leben, sich gegen die ständige Bedrohung durch das Elend wappnen, wie sich Ärzte dagegen wappnen müssen, den schwerkranken Patienten, den sie behandeln, gefühlsmäßig zu nahe zu kommen. Doch ich habe das Gefühl, daß der Preis, den wir für diese Art von Schutz zahlen, zu hoch ist.

Wenn ich mich vor der Gefahr von Verlust (durch Scheidung, Tod oder einfach den Wegzug eines engen Freundes) schütze, indem ich mich bemühe, mich nicht davon rühren zu lassen, mir niemanden zu nahe kommen zu lassen, dann verliere ich einen Teil meiner Seele. Wenn ich dem Schmerz auszuweichen versuche, indem ich Artikel über Hungersnöte und Folter in den Zeitungen nicht lese, sondern sofort zu den Sportseiten und den Klatschkolumnen übergehe und mir dabei sage: Wie schrecklich, aber so ist die Welt nun einmal, dann lasse ich zu, daß ich weniger menschlich, weniger lebendig werde. Wenn ich mich vor Enttäuschung schütze, indem ich mir einfach nicht wünsche, glücklich zu sein, mir sage, Glück sei ein Trugbild, eine Illusion, dann lasse ich meine Seele verkümmern. Lebendig sein heißt Schmerz fühlen, sich vor dem Schmerz verstecken kostet Lebendigkeit.

Mein Hindufreund bei der Wochenendkonferenz sprach davon, Schmerz und Kummer zu akzeptieren und in sich aufzunehmen, statt sich dagegen zu wehren. Er sprach nicht davon, den Schmerz zu verleugnen und sich vor ihm zu verstecken, wie es viele Leute tun. Wenn uns etwas schmerzt, tun wir nur zu oft so, als schmerze es nicht, oder wir nehmen eine Pille, um den Schmerz zu vertreiben, ohne uns je mit der wirklichen Ursache des Schmerzes auseinanderzusetzen. Vielleicht sollen wir Schmerz fühlen. Ihm ausweichen bedeutet nur, daß wir dem ausweichen, was wir durch ihn lernen sollten. Niemand sagt uns jemals, daß die Gewohnheit, bei schmerzstillenden Medikamenten Zuflucht zu suchen, gefährliche Nebenwirkungen hat; eine davon ist unsere verringerte Fähigkeit, überhaupt etwas zu fühlen.

Wie oft merke ich bei Trauerfeiern, daß sich die Hinterbliebenen in der ersten Reihe sichtlich nicht wohl fühlen.

Sie wissen, daß sie etwas fühlen sollten – Trauer, Schmerz –, aber sie fühlen nichts, weil sie nie gelernt haben, mit Gefühlen umzugehen. Abgesehen von Wut und Ärger haben sie nie ihren Emotionen Ausdruck verleihen müssen, und so bleiben sie auch jetzt, da sie sich ausdrücken müßten, stumm. Wenn ich vor dem Begräbnisgottesdienst mit der Familie allein bin, ist es oft eine der alten Frauen, die laut schreit: „Warum? Warum mußte das passieren? Er war so gut!" Und dann gibt es meist einen Mann um die vierzig im dreiteiligen Anzug, dem das äußerst unangenehm ist und der sagt: „Kann sie nicht mal einer zum Schweigen bringen? Hat jemand ein Beruhigungsmittel?" Tatsächlich ist die alte Frau die einzige im Raum, die „normal" ist. Sie weiß, daß ihr etwas Schmerzliches zugestoßen ist, und sie reagiert darauf.

Mein Tischgefährte sagte mir, man müsse ein Leben von Tragödien und Ungewißheiten durchstehen, indem man es akzeptiere und zulasse, statt es zu bekämpfen, wie ein orientalischer Ringer das Gewicht und die Kraft seines Gegners gegen diesen verwendet, statt mit gesenktem Kopf auf ihn loszugehen. Gleichzeitig wollte er mir begreiflich machen, daß man sich vor einem Leben in ständigem Schmerz dadurch schützt, daß man seine Erwartungen herunterschraubt. Wenn Sie nicht erwarten, daß das Leben fair ist, dann wird Ungerechtigkeit Ihnen auch nicht das Herz brechen. Es hat immer Verbrechen, Korruption und Unfälle gegeben, und es wird sie immer geben. Das ist ein Teil der *conditio humana*. (Einer meiner Lehrer pflegte zu sagen: „Zu erwarten, daß die Welt dich gerecht behandelt, weil du ein guter Mensch bist, ist genauso, als würdest du annehmen, daß der Stier nicht angreift, weil du Vegetarier bist.") Der Prediger selbst mußte mit so viel Schmerz und Verwirrung fertig werden, weil er die Unvollkommenheit der Welt an sich heranließ. Er hätte sich das ersparen können. Sein Leben wäre sehr viel angenehmer gewesen, wenn er gelernt hätte, angesichts von Leid und Ungerechtigkeit mit den Schultern zu zucken und zu sagen: „Es tut mir wirklich leid, daß die Welt so ist, aber ich werde sie nicht dadurch verändern, daß ich mich darüber aufrege, warum soll ich mich also aufregen?"

Wenn Sie nicht zulassen, daß etwas für Sie zu wichtig wird – nicht Ihr Beruf, nicht Ihr Auto, nicht einmal Ihre Gesundheit oder Ihre Familie –, dann machen Sie sich immun gegen die Angst, etwas davon zu verlieren. Statt schwer zu arbeiten, um Ihren Besitz auf das Niveau Ihrer Wünsche anzuheben (oder was zu wünschen Ihnen die Werbung eingeredet hat), sollten Sie Ihre Wünsche auf die bereits erreichte Ebene herabschrauben, oder noch tiefer auf das, was Ihnen nie genommen werden kann. Dann werden Sie statt Frustration und Verlangen Ruhe und Seelenfrieden haben.

Im Zweiten Weltkrieg nahmen die Nazis unschuldige Zivilisten zu Millionen fest und schickten sie in Konzentrationslager. Die Gefangenen, deren Selbstgefühl von ihrem Reichtum, ihrer sozialen Stellung, ihrem angesehenen Beruf abhing, gaben sich schnell auf, wenn ihnen diese Dinge genommen wurden. Die Gefangenen, deren Selbstgefühl aus ihrem religiösen Glauben oder ihrem eigenen Selbstwertempfinden erwuchs, waren viel standhafter.

Der Talmud gibt einen ähnlichen Hinweis, wenn er sagt: „Wer ist reich? Der mit dem zufrieden ist, was er hat." Messen Sie den Reichtum eines Menschen nicht daran, wieviel er hat, sondern daran, wieviel er sich wünscht und nicht hat. Ein reicher Mann, der aus irgendeinem psychologischen Hunger heraus das Gefühl hat, noch mehr zu brauchen, ist nicht wirklich reich.

An diesem Abend hörte ich respektvoll zu, was mein Tischgefährte mir sagte, und vieles davon bewegte und belehrte mich. Doch schließlich mußte ich widersprechen. Als ich an der Reihe war, das Wort zu ergreifen, und er sich dem Essen widmete, sagte ich: Wenn wir unsere Erwartungen an das Leben verringerten, um dem Schmerz der Enttäuschung zu entgehen, verwirkten wir einen Teil des Gottesbildes in uns. Akzeptiert man Verbrechen und politische Korruption, weil sie immer zur Gesellschaft gehört haben, dann gibt man zu leicht auf. Zugegeben, es ersparte uns viel Schmerz und Frustration, aber um welchen Preis? Weniger an meinen Kindern zu hängen, im Beruf weniger ehrgeizig zu sein, weil das Leben unfair und unberechenbar ist, macht mich gegen großes Leid immun, nimmt mir aber auch viel Hoffnung und viel Freude. Wie der Mann bei der Beerdigung, der das Beste will, aber einen schlechten Ratschlag gibt, wenn er fragt: „Kann ihr nicht jemand ein Beruhigungsmittel geben?", wie der allzu besorgte Vater, der seine Tochter nicht Fahrrad fahren läßt aus Angst, sie könne fallen und sich verletzen, umgeben wir uns selbst und einander mit fehlgeleiteter Besorgnis. Wenn wir einen Panzer anlegen, schützt uns das vor Verletzungen, aber es hemmt auch unsere Entwicklung.

Und noch müssen wir uns entwickeln. Jede Frau, die ein Kind zur Welt gebracht hat, weiß, mit wieviel Schmerz die Geburt eines neuen Lebens verbunden ist. In gewissem Sinne ist es fast so schmerzhaft, im Laufe unseres Lebens ein neues Selbst hervorzubringen, aus der Person herauszuwachsen, die wir einmal waren, die Haut abzustreifen, die uns so gut behütet hat, und das Risiko einer neuen Identität einzugehen. Für viele von uns war es eine schmerzliche Erfahrung, ein Heranwachsender zu sein, weil wir ein neues Selbst zur Welt brachten, ein neues Gefühl dafür, wer wir waren. Und eine Veränderung der Gewohnheiten im späteren Leben kann eine ebenso schmerzliche wie notwendige Mühe sein.

Ich bin der Rabbiner einer Gemeinde von etwa sechshundert Familien; unter ihnen sind viele junge Eltern in den Dreißigern und Vierzigern. Ich habe die Wirkung gespürt, die von einer Epidemie der Scheidungen und Ehekonflikte auf die Familien meiner Gemeinde ausging, manchmal waren bis zu einem Drittel betroffen. Ich habe die Auswirkungen der Scheidung auf Erwachsene und Kinder beobachtet. Erwachsene leiden zwar, aber größtenteils überstehen sie eine Scheidung unversehrt. Wenn vierzig Prozent der Ehen mit Scheidung enden, so führen achtzig Prozent der Scheidungen zu einer neuen Ehe. Diese neuen Ehen sind häufig sehr stabil und befriedigend. Und selbst wenn beide Betroffenen vielleicht nicht wieder heiraten, trägt oft die Erfahrung in gewissem Maße zur persönlichen Entwicklung bei, wenn erst einmal der erste Schmerz überstanden ist. Viele Frauen haben mir erzählt, wie bitter es für sie war, die Trennung mit ihren finanziellen Sorgen und dem Gefühl der Zurückweisung zu durchleben. Doch nachdem sie die Trennung erst einmal überwunden hatten, seien sie stärker, glücklicher und unabhängiger gewesen als zuvor. Viele von ihnen erfuhren durch die Not der Umstände, daß sie sehr viel mehr Reserven hatten und stärker waren, als sie vermutet hatten. Sie waren nun nicht mehr die eine Hälfte eines Ehepaares, sondern ganze Menschen aus eigenem Recht.

Doch Kinder sind oft verletzlicher und weniger fähig, ihr Leben in die Hand zu nehmen und zu bewältigen. Einige Scheidungsfolgen für Kinder sind uns nur zu vertraut: das Gefühl der Zurückweisung, Schuldgefühle, sie könnten die Trennung verursacht haben.

Nach meiner Erfahrung gehen die schädlichsten Auswirkungen einer Scheidung auf Kinder und sogar auf deren Freunde, die selbst keine Scheidung erlebt, aber viel davon gehört haben, darüber noch hinaus. Ich fürchte, wir ziehen möglicherweise eine Generation junger Menschen heran, die in der Furcht vor der Liebe heranwachsen, Angst davor haben, sich einem anderen Menschen ganz hinzugeben, weil sie gesehen haben, wie weh es tut, wenn man das Wagnis der Liebe auf sich genommen hat und scheitert. Ich fürchte, sie wachsen heran und suchen Intimität ohne Risiko, Lust ohne gefühlsmäßiges Engagement. Sie werden sich so sehr vor dem Schmerz der Enttäuschung fürchten, daß sie lieber ganz auf die Möglichkeiten von Liebe und Freude verzichten.

So sangen Simon und Garfunkel vor den jungen Menschen der sechziger Jahre: „Wenn ich nicht geliebt hätte, hätte ich nie geweint … Ich berühre niemanden, und niemand berührt mich … Ich bin ein Fels, ich bin eine Insel … und ein Fels fühlt keinen Schmerz, und eine Insel weint niemals." Der Psychologe Herbert Hendin hat die Angst vor wahrer Intimität bei den heute Heranwachsenden beschrieben: Ernsthafte Bindungen sind eine Falle; sie engen unsere Wahlmöglichkeiten ein. Zuneigung macht anfällig für Enttäuschung und Zurückweisung. Kinder zu haben stellt nicht Erfüllung und Unsterblichkeit dar, sondern Verpflichtung und Unbequemlichkeit. Er schreibt: „Vor zwanzig Jahren wurden Losgelöstheit und die Unfähigkeit, Lust zu empfinden, als Anzeichen von Schizophrenie betrachtet. Heute glauben die Menschen, emotionales Engagement fordere Unheil heraus, und Bindungslosigkeit sei das beste Mittel zum Überleben." In unserer Arbeit, unserem Spiel, sogar in unserem Sexualleben wollen wir wie Maschinen sein. (Wir sprechen davon, „angetörnt", „angemacht" zu werden; wir wollen Leistung bringen, uns aber nicht zu sehr engagieren.)

Eines Abends kam auf meine Bitte ein junges Paar zu mir, das ich in einigen Wochen trauen sollte. Ich kannte die beiden kaum und wollte, daß wir einander kennenlernen und dabei die Heiratszeremonie besprechen. Im Laufe des Gesprächs sagte der junge Mann zu mir: „Rabbi, hätten Sie etwas gegen eine kleine Veränderung bei der Heiratszeremonie? Könnten Sie, statt uns für Mann und Frau zu erklären, bis der Tod uns scheidet, uns vielleicht für Mann und Frau erklären, solange unsere

Liebe dauert? Wir haben darüber gesprochen, und wir meinen beide, falls einmal der Tag kommt, an dem wir uns nicht mehr lieben, ist es moralisch nicht richtig, wenn wir aneinandergefesselt sind."

Ich antwortete: „Ja, ich habe etwas dagegen, und ich werde nichts verändern. Sie und ich wissen, daß es so etwas wie die Scheidung gibt, und Sie und ich wissen, daß heutzutage viele Ehen nicht so lange dauern, bis einer der Partner stirbt. Aber ich will Ihnen mal etwas sagen: Wenn Sie an die Ehe mit dieser Einstellung herangehen: ‚Wenn es nicht klappt, dann trennen wir uns wieder‘, wenn Sie nicht wirklich bereit sind, Ihre Koffer endgültig auszupacken, sobald Sie die gemeinsame Wohnung beziehen, dann kann ich Ihnen fast garantieren, daß es bei Ihnen nicht klappen wird. Ich weiß die Ehrlichkeit zu schätzen, die aus Ihrer Bitte spricht, und den Wunsch, kein heuchlerisches Leben zu führen. Aber Sie müssen verstehen, daß es beim Ehegelöbnis nicht bloß um die beiderseitige Bereitschaft geht, miteinander zu schlafen, sondern auch um das Versprechen, die Frustrationen und Enttäuschungen zu akzeptieren, die unvermeidlich damit verbunden sind, daß zwei unvollkommene menschliche Wesen zusammenleben. Es ist schon schwer genug, eine gute Ehe zu führen, wenn Sie alles einbringen, was Sie besitzen. Doch wenn sich nur ein Teil von Ihnen auf die Verbindung einläßt und ein anderer Teil von Ihnen draußen verbleibt und Sie die Beziehung danach bewerten, ob sie noch der Mühe wert ist, dann haben Sie bestimmt keine Chance."

Diese jungen Leute fürchteten sich vor dem Schmerz, den sie beim Scheitern anderer Ehen miterlebt hatten. Vor lauter Angst, zuviel an Gefühl zu investieren und es dann zu verlieren, wollten sie nur ein kleines Stückchen von sich selbst in diese Beziehung einbringen. Auf diese Weise, so meinten sie, würde der Verlust im Falle des Scheiterns nicht so sehr schmerzen. Logische Folge: Die

Beziehung würde immer vorläufig und daher beinahe zwangsläufig zerbrechlich sein, im gefühlsmäßigen Sinne derartig „unterkapitalisiert", daß sie früher oder später kaputtgehen mußte.

Wie viele Briefe haben mir Frauen geschrieben, die schwer krank geworden waren oder erfahren hatten, daß ihr Kind schwer krank war, und daraufhin von ihren Ehemännern verlassen worden waren. Ich glaube nicht, daß all diese Ehemänner und Väter grausam, abgestumpft und gefühllos genannt werden können. Im Gegenteil, ich vermute, daß sie den Schmerz der Situation sehr tief empfanden. Aber weil niemand ihnen je beigebracht hatte, mit Schmerz zu leben, wurden sie nicht mit ihm fertig. Also gerieten sie in Panik und flohen aus einer bedrohlichen, emotional nicht zu bewältigenden Situation. Vielleicht waren einige von ihnen wie das junge Paar mit der Erwartung in die Ehe gegangen, sie werde ihr Leben angenehm machen. Doch als statt des erwarteten Lustgewinns Schmerz, Konflikt und Ungewißheit über sie hereinbrachen, kamen sie zu dem Schluß, dies sei nicht der Handel, den sie geschlossen hatten, und machten sich davon.

Dr. Hendin stellt das Märchen vom Froschkönig, in dem die schöne Prinzessin den Frosch küßt und er sich in einen gutaussehenden Prinzen verwandelt, der Version gegenüber, die er in der „Sesamstraße" sah: Dort küßt die Prinzessin den Frosch und wird dadurch selbst zum Frosch. Eine lustige Szene, aber bringt sie unseren Kindern nicht irgendwie bei, daß Intimität, daß emotionales Geben gefährlich ist und uns verletzt zurücklassen kann?

Wenn wir glauben, um ein gutes Leben zu haben, müßten wir Schmerz vermeiden, dann besteht die Gefahr, daß wir so geübt darin werden, keinen Schmerz zu fühlen, daß wir überhaupt nichts mehr fühlen – keine Freude, keine Liebe, keine Hoffnung, keine Ehrfurcht. Wir würden gefühlsmäßig betäubt. Wir lernen, unser ganzes Leben

innerhalb eines sehr engen emotionalen Spektrums zuzubringen, und akzeptieren die Tatsache, daß es nur wenige Glanzlichter in unserem Leben geben wird. Dafür haben wir die Garantie, daß wir auch keine Tiefpunkte erleben, keinen Schmerz und keine Traurigkeit, nur ein ständiges Gefühl von Monotonie, einen grauen Tag nach dem anderen. Durch unsere Angst vor Schmerz lernen wir die Kunst der Losgelöstheit so gut, daß uns emotional nichts mehr erreichen kann.

Das schlimmste Leiden, das unser Leben heutzutage oft so sehr befällt, ist die Krankheit der *Langeweile*. Viele von uns finden ihren Beruf langweilig, ihre Ehe langweilig, ihre Freundschaften und Hobbies langweilig. In pathetischer Verzweiflung suchen wir nach einem Film, einer Ferienreise, irgendeinem Ventil, um unser Leben über das Niveau des Alltags hinauszuheben. Einige von uns wählen alle möglichen potentiell selbstzerstörerischen Dinge, fahren zu schnell Auto, gehen mit Hängegleitern in die Luft oder mit Flößen aufs Wildwasser, weil sie sich „nur dann lebendig fühlen". Manche Menschen wenden sich Drogen zu, in dem verzweifelten Bemühen, sich über die gefühlsmäßige Flachheit des Alltags zu erheben und zu erfahren, wie es ist, wieder zu fühlen. Vor einer Generation waren Drogen der Fluchtmechanismus des Ghettos, eine Alternative zu Hoffnungslosigkeit und Verzweiflung, ein Mittel, den Schmerz nicht mehr zu fühlen. Heute sind sie bei entsprechend höherem Preis zum Spielzeug der übersättigten oberen Mittelklasse geworden, nicht um den Schmerz zu lindern, sondern um der Langeweile zu entgehen, sich „high" und gut zu fühlen und die Seh-, Hör- und Berührungserfahrung zu steigern, weil offenbar nichts in der wirklichen Welt noch dieses Gefühl vermitteln kann.

Der Teenager, der Ladendiebstähle begeht oder Autos stiehlt und schließlich ein Strafregister hat, und die Hausfrau, die sich auf ein außereheliches Verhältnis einläßt und ihre Ehe und ihren Ruf ruiniert, wollen möglicherweise gar nichts Böses und Schädliches tun. Sie suchen vielleicht nur verzweifelt nach etwas, was Erregung in ihr ansonsten alltägliches, langweiliges Leben bringt. Wie Faust sind sie bereit, dem Teufel ihre Seelen für einen gefühlsbetonten Augenblick zu verkaufen.

Wir meinen ständig, der Fehler liege in dem, was wir tun oder mit wem wir es tun, und das Heilmittel gegen die Qual der Langeweile sei, den Beruf zu wechseln, den Ehepartner zu wechseln, den Wohnort zu wechseln, und das Leben werde interessanter werden. Manchmal kann eine Veränderung tatsächlich angebracht sein, aber oft liegt das Problem in uns selbst. Wegen unserer Angst, verletzt oder enttäuscht zu werden, haben wir ein Leben emotionaler Flachheit gewählt. Wir haben uns einen gefühlsmäßigen Pegel errichtet, unter den wir nicht fallen wollen, um sicherzustellen, daß nichts uns je verletzt oder deprimiert.

Eines der von den Brüdern Grimm gesammelten Märchen trägt den Titel: „Märchen von einem, der auszog, das Fürchten zu lernen." Es handelt von einem Jungen, der nie Angst hat, ganz gleich, was er tut. Er fühlt sich unvollkommen ohne die emotionale Dimension der Furcht. Also zieht er aus und erlebt viele haarsträubende Abenteuer, trifft Geister und Hexen und feuerspeiende Drachen, empfindet jedoch nie auch nur einen Schauder. Bei seinem letzten Abenteuer befreit er ein Schloß von einem bösen Zauber, und aus Dankbarkeit gibt ihm der König seine Tochter zur Frau. Der Held sagt seiner Braut, er habe sie zwar sehr gern, wisse aber nicht, ob er sie heiraten könne, ehe er seine Aufgabe erfüllt habe, nämlich das Fürchten zu lernen. In ihrer Hochzeitsnacht (zumindest in der Version, die die Brüder Grimm erzählen) zieht seine Frau ihm die Decken weg und schüttet einen Eimer mit kaltem Wasser und vielen kleinen Fischen über ihn. Er ruft aus: „Ach, was gruselt mir, was

gruselt mir, liebe Frau! Ja, nun weiß ich, was Gruseln ist."
Worum geht es in diesem seltsamen Märchen? Bruno
Bettelheim interpretiert es in seinem Buch *The Uses of
Enchantment* (deutsch: *Kinder brauchen Märchen,* München, dtv, 1985): Die Geschichte solle aussagen, daß ein
Mensch nicht wirklich erwachsen oder für das erwachsene
Leben bereit ist, ganz gleich, was er in der Welt geleistet
haben mag, solange er nicht emotional reif und offen für
Gefühle ist. Unser Held kann keine Liebe oder Freude
empfinden, solange er nicht Angst und Furcht spüren
kann. Er ist vielleicht ein Symbol für alle diejenigen von
uns, die in ihrem Bemühen, Verletzungen zu entgehen,
alles Gefühl in sich abtöten und im Unterschied zum Helden des Märchens nicht einmal wissen, was ihnen fehlt.

Kapitel 6

„Aber die Narren gehen
in der Finsternis ..."

Vor einigen Sommern waren Kinobesucher jeden Alters
von der Geschichte E.T.s, des Außerirdischen, verzau-
bert. Der Film erzählt die Geschichte eines Geschöpfs aus
einer fortgeschritteneren Zivilisation, das versehentlich
auf der Erde gestrandet ist. E.T. wurde bald einer der
beliebtesten und geschäftlich erfolgreichsten Filme aller
Zeiten. Die Handlung bezieht ihre Spannung aus dem
Gegensatz zwischen Kindern, die E.T. lieben und von
ihm geliebt werden wollen, und Wissenschaftlern, die das
Wesen fangen und sezieren wollen.

   Heute ist der Konflikt zwischen frei denkenden Jungen
und Mädchen und autoritätsgläubigen Erwachsenen an
die Stelle des früher in Filmen üblichen Konfliktes zwischen Räubern und Gendarmen oder Cowboys und India-
nern getreten. Doch E.T. fügte darüber hinaus einen
neuen Aspekt hinzu. Die Bösewichte in E.T. sind nicht
einfach nur Erwachsene, die Regeln durchsetzen. Sie sind
Wissenschaftler, die darauf aus sind, im Namen wissenschaftlichen Fortschritts die Liebe zum Verschwinden zu
bringen.

(Ein Jahr nach E.T. erzählte der Film *Splash* im wesentlichen die gleiche Geschichte. Eine Seejungfrau kommt an Land und möchte lieben und geliebt werden, Wissenschaftler aber wollen sie fangen und sezieren.)

Die Fähigkeit der Menschen, vernünftig zu reagieren, galt auf der einen Seite als Gipfel der Schöpfung. Philosophen seit der Zeit des Aristoteles haben sie als die Eigenschaft bezeichnet, die uns von den Tieren unterscheidet. Wenn die ersten Seiten der Bibel beschreiben, wie Adam den Tieren Namen gibt, so wird damit seiner einzigartigen Fähigkeit Tribut gezollt, seinen Verstand zu gebrauchen, die Dinge in Kategorien einzuordnen. Allein der Mensch kann seinen Geist benutzen, um Werkzeuge herzustellen, Maschinen zu bauen, seine Umgebung zu verändern, aber auch um Bücher zu schreiben und Symphonien zu komponieren.

Auf der anderen Seite sagt uns unser Verstand, daß der Verstand selbst seine Grenzen hat. Wenn Sie einen Frosch sezieren, erfahren Sie eine Menge darüber, wie Frösche gebaut sind, aber Sie haben keinen Frosch mehr. Wenn Sie einen außerirdischen Besucher oder eine Seejungfrau sezieren und analysieren, erreichen Sie möglicherweise einen wissenschaftlichen Durchbruch und erhalten vielleicht sogar den Nobelpreis, aber Sie haben keinen Freund mehr, der Sie mag, und für viele Menschen ist der Gewinn an Information dieses Manko einfach nicht wert. Das biblische hebräische Verb *yada,* „kennen", dem deutschen Wort „verstehen" ähnlich, kann entweder bedeuten, daß man Informationen über jemanden oder über etwas hat oder andererseits eng mit jemandem vertraut ist. Doch es sieht so aus, als wären wir gezwungen, uns zu entscheiden: ob wir jemanden aus einer gewissen Entfernung analysieren oder ob wir ihm so nahe kommen wollen, daß wir unsere Erfahrungen mit ihm oder mit ihr machen können, statt den oder die Betreffende lediglich intellektuell zu erfassen.

Der Prediger wandte sich, inzwischen zu alt und zu zynisch, um noch dem Vergnügen leben zu wollen, der Philosophie mit dem Ziel zu, hinter den Sinn des Lebens zu kommen. Dabei fand er heraus, daß er das Leben „verstand", statt es zu leben. Er las alle Bücher, hörte viele gelehrte Vorschläge – und erfuhr nur eines: daß der Sinn des Lebens nicht in der Philosophie zu finden ist. Viele Informationen über die richtige Lebensweise zu sammeln ähnelt dem Versuch, sich über Schwimmen oder Musik zu informieren, ohne jemals ins Wasser zu gehen oder eine Geige in die Hand zu nehmen.

Im Juni 1985 wurde ich eingeladen, vor den Absolventen der *Cornell University* die Abschiedsrede zu halten. Da sie im Durchschnitt einundzwanzig oder zweiundzwanzig Jahre alt seien, sagte ich zu ihnen, hätten sie den Vietnamkrieg als Kinder erlebt und seien zu jung gewesen, um zu verstehen, was da eigentlich vor sich ging. So sei ihnen die Ironie des Ausdrucks „die Besten und die Klügsten" entgangen. „Die Besten und die Klügsten" nannten wir die Regierungsbeamten, die uns nach Vietnam brachten und uns dann immer tiefer und tiefer in den Krieg verstrickten. Sie waren lauter brillante Männer, die besten Absolventen der elitärsten Universitäten, ausgestattet mit jeder Menge von Informationen aus ausgeklügelt gefütterten Computern – und trafen dennoch dauernd die falschen Entscheidungen. Sie waren intelligent. Sie waren informiert. Was ihnen aber fehlte, war Weisheit, das instinktive Gefühl dafür, wie sie ihr Wissen und ihre Informationen am besten anzuwenden hatten.

Das Wesen der Weisheit, sagte ich ihnen, sei der Respekt vor der menschlichen Intelligenz und ein Gefühl der Ehrfurcht vor den riesigen, dunklen Bereichen der Realität, in die unser Verstand nicht eindringen kann.

Wenn ihre erstklassige Erziehung zwar ihren Verstand entwickelt habe, dabei aber ihr Gefühl für Demut und Ehrfurcht verkümmert sei, so sagte ich ihnen, dann liefen sie Gefahr, „die Besten und Klügsten" ihrer Generation zu werden, klug genug zum Führen, aber nicht weise genug, um zu wissen, wohin. Einige von ihnen wollten Medizin studieren, und ich äußerte die Hoffnung, sie hätten nicht nur Chemie und Biologie gelernt, sondern auch ein Gefühl der Ehrfurcht vor dem Wunder des Lebens und der erstaunlichen Komplexität des menschlichen Körpers. Ich hoffte, sie hätten gelernt, daß verschiedene Leiden nicht durch brillante Diagnosen und hochgezüchtete Maschinen zu heilen sind, sondern nur durch Liebe und Fürsorge. Ohne diese Demut und Ehrfurcht würden sie am Ende als eine Art Automechaniker für menschliche Wesen praktizieren, heilen aber könnten sie so nicht.

Diejenigen, die erfolgreiche Geschäftsleute werden würden, warnte ich vor dem Tag, an dem sie ihre Intelligenz, ihre Sensibilität, ihren Geist ohne Herz einsetzten, um aufgrund von scheinbar vernünftigen Entscheidungshilfen Entschlüsse zu treffen, die Menschen unnötig verletzten. In einer Zeit wie dieser, sagte ich ihnen, sollte Ehrfurcht vor der menschlichen Seele ihnen wichtiger als Bilanzen sein.

Wir haben gesehen, wohin intellektuell begabte Führer uns gebracht haben. Wir haben andere große und kleine Kalamitäten des zwanzigsten Jahrhunderts erlebt (Die kultivierteste Nation Europas setzte den Holocaust in Gang, und die kreativsten unserer Wissenschaftler verseuchen unsere Luft und unser Trinkwasser), und wir haben daraus gelernt, der Intelligenz als Lebensanleitung zu mißtrauen. Die Lehren Sigmund Freuds beeinflussen unser aller Denken im zwanzigsten Jahrhundert und erinnern uns daran, daß wir vielleicht glauben, logisch zu handeln, vermutlich aber das, was wir tun, aus Gründen tun, die wir nicht verstehen können.

Der Prediger wollte die Wahrheit des Sprichworts auf die Probe stellen, das er sein ganzes Leben lang gehört hatte: „Der Weise hat Augen im Kopf, aber die Narren gehen in der Finsternis." Er hoffte zu erfahren, daß das stimmte. Er brauchte die Bestätigung, daß es besser ist, weise zu sein als närrisch, daß es besser ist, gelehrt zu sein als unwissend. Er brauchte die Überzeugung, durch große Gelehrsamkeit werde er den Schlüssel zum Leben finden, die Unwissenden aber würden ohne Kompaß durch ihr Leben treiben müssen.

Schließlich war er ein weiser, nachdenklicher Mann, ein kultivierter Mann, ein guter Schüler. Konnte das ausreichen, um sein Leben davor zu bewahren, unvermeidlich in Tod und Vergessenheit hineinzutreiben? Machte es denn wirklich einen Unterschied, weise statt töricht zu sein?

Doch er lernte nur, daß der Weise zwar Augen hat, um zu sehen, doch was er sieht, beweist, daß auch die Weisheit nur von begrenzter Nützlichkeit ist. Vielleicht sah der Prediger, wie es oft vorkommt, weise Menschen törichte Dinge tun.

Vielleicht sah der Prediger, wie gescheite Leute ihre Intelligenz benutzten, um gefühlsmäßigen Regungen auszuweichen, zu analysieren statt zu lieben, wie die Wissenschaftler, die E. T. lieber „verstehen" wollten, statt zuzulassen, daß sie ihn liebten.

Wenn der Weise im Tageslicht wandelt und der Narr in der Dunkelheit, gibt es dann vielleicht einige Dinge, die kein Licht vertragen? Sind einige der Freuden des Lebens vielleicht dazu bestimmt, erlebt zu werden, ohne daß man sie analysiert und versteht?

Eine klassische Witzzeichnung zeigt ein verzweifeltes junges Mädchen, das zu seiner Mutter sagt: „Um Himmels willen, kannst du nicht endlich aufhören, mich zu verstehen!"

Vielleicht gehen die Narren wirklich in der Finsternis, aber wir verbringen unser halbes Leben in der Finsternis, nämlich in den Stunden der Nacht, und kann es nicht sein, daß wir lernen müssen, einen Teil unseres Lebens als

„Narren" zu verbringen, uns Gefühlen zu überlassen, die wir nicht ganz verstehen und nicht kontrollieren können, damit wir in dieser Dunkelheit angenehm leben können? Ich kenne Menschen, die sich genauso davor fürchten, offen Gefühle zu zeigen, wie andere Menschen sich vor der Dunkelheit fürchten.

Liebe, Freude, Wut erschrecken sie, weil sie sich dann außer Kontrolle fühlen. Sie können nicht zulassen, daß sie zornig werden, sie können sich in der Liebe nicht verlieren, weil das bedeuten würde, die Kontrolle über ihre Gefühle zu verlieren, und das erschreckt sie. Sie haben Schwierigkeiten, mit Gefühlen umzugehen, die nicht sinnvoll sind. (Die alte Fabel von der Büchse der Pandora berichtet von einer Frau, Pandora, die von den Göttern eine versiegelte Büchse erhält und diese niemals öffnen soll. Natürlich ist Pandora neugierig und öffnet die Büchse, und alle möglichen Übel entweichen. Mir scheint, die Geschichte soll nicht unbedingt ein Hinweis darauf sein, daß Frauen Schwierigkeiten in die Welt brachten. Könnte sie nicht eher eine Parabel dafür sein, wie Männer versuchen, die emotionalen Seiten ihrer Persönlichkeit unter Verschluß zu halten, weil sie sie als gefährlich betrachten, während Frauen sich weniger davor fürchten? Das griechische Wort *Pandora* bedeutet „viele Gaben".)

Sowohl im Judentum wie im Christentum kennt man den „heiligen Narren", den einfachen, ungebildeten, einfältigen Menschen, der Gott spontan und begeistert dient, ohne darüber nachzudenken, was er tut.

Seine Hingabe wird besonders geschätzt, weil sich keine intellektuellen Barrieren zwischen ihn und seinen Gott schieben. Eine der schönsten Geschichten des mittelalterlichen Christentums ist die des Gauklers der Madonna. Alle Gläubigen kamen, um der Jungfrau an ihrem Festtag ihre Ehrengaben zu bringen. Da gab es feine, teure Geschenke, handgewebte Tapisserien, juwelenbesetzte Kronen. Nur ein einfacher junger Mann hatte kein Geschenk, das er ihr bringen konnte, und kein Geld, um eines zu kaufen. Doch er konnte jonglieren. Also tanzte und jonglierte er zum Entsetzen all der feinen Zuschauer vor der Statue der Jungfrau, und da sein Gaukelspiel von Herzen kam, war es die beste aller Gaben.

Wenn wir einen Teil unseres Lebens in der Dunkelheit zubringen, sollen wir uns dann aller Gefahren bewußt sein, die da lauern mögen? Oder sollen wir wie die „Narren" zugeben, daß wir nicht immer Antworten wissen und daß es nicht immer an uns ist, den Weg zu finden? Es hat in diesem Jahrhundert zwei Weltkriege und zahllose andere, kleinere Kriege gegeben, und Dutzende von Millionen Menschen sind dabei getötet worden. Die meisten dieser Kriege wurden von vernünftigen, intelligenten Männern geplant und durchgeführt. Kein Wunder, daß wir nach jedem Krieg von Vernunft und Intelligenz und dem, wohin sie uns führen, enttäuscht sind. In den letzten Jahren bemerken wir ein Wiederaufleben von Fundamentalismus und Extremismus in Christentum, Judentum und Islam. Wir sahen Yarmulkes auf den Köpfen jüdischer Studenten in den Universitäten und Schleier vor den Gesichtern der Studentinnen im Nahen Osten. Obwohl ihre Symbolik sehr verschieden ist, lehnen die einen wie die anderen die moderne Welt und ihre Werte ab und auch die Behauptung, der menschliche Geist könne ohne Gottes Hilfe die Wahrheit entdecken. Wir haben das Auftauchen von Glaubensheilern und Evangelisten im Fernsehen in nie dagewesenem Maße miterlebt, und Millionen Menschen scheinen empfänglich für ihre Botschaft, daß es „die Besten und die Klügsten" sind, die in der Dunkelheit gehen, und daß nur die Irrationalen, die „Narren Gottes", Augen haben zu sehen.

War der Prediger enttäuscht von dem, was er über die Fähigkeit des Geistes erfuhr, sich seinen Weg durch das Leben zu bahnen? Er scheint seinen Glauben an die Vernunft nie aufzugeben. Er wird nie mystisch, und er macht auch kein Hehl aus seiner Skepsis gegenüber einem fundamentalistischen religiösen Gesichtspunkt. Und am Ende schreibt er ein Buch über das Thema. Doch er scheint zu sagen: „Ich habe alles gelernt. Ich bin so weit gegangen, wie der Verstand mich tragen kann, *und es ist nicht genug*. Ich brauche mehr. Ich brauche die Art von Wahrheit, zu der Vernunft mich nicht führen kann, aber ich bin ein logischer, vernünftiger Mensch, und ich weiß nicht, wo ich sie finden kann. Ärzte und Philosophen reden über Leben und Tod. Wenn ich ihnen zuhöre, klingt alles sehr sinnvoll. Aber wenn es sinnvoll ist, *warum habe ich dann noch immer solche Angst, zu sterben und zu verschwinden?"* Man bekommt den Eindruck, wenn er je eine Antwort auf diese Frage fände, dann würde das eine Antwort sein, die keinen Sinn ergibt, zumindest nicht auf rationaler Ebene.

Vor vielen Jahren starb ein Geschäftsfreund meines Vaters unter besonders tragischen Umständen. Ich war noch jung und begleitete meinen Vater zu der Beerdigung. Die Witwe und die Kinder des Mannes waren von Geistlichen und Psychiatern umgeben, die ihren Kummer zu lindern und sie zu trösten versuchten. Sie kannten alle richtigen Worte, doch nichts half. Sie waren jenseits allen Trostes. Die Witwe sagte ständig: „Sie haben recht, ich weiß, daß Sie recht haben, aber es macht keinen Unterschied." Da kam ein Mann herein, ein kräftiger, stämmiger Mann um die Achtzig, eine legendäre Persönlichkeit in der Spielwarenindustrie. Er war als junger Mann aus Rußland geflohen, nachdem ihn die Geheimpolizei des Zaren verhaftet und gefoltert hatte. Er war ungebildet und ohne einen Pfennig nach Amerika gekommen und hatte mit Erfolg eine Firma gegründet. Er war als harter Verhandlungspartner und rücksichtsloser Konkurrent bekannt. Trotz seines Erfolges hatte er nie Lesen und Schreiben gelernt. Er engagierte Leute, die ihm seine

Post vorlesen mußten. In der Branche witzelte man, er könne zwar einen Scheck über eine Million Dollar ausstellen lassen, das schwerste für ihn wäre dabei aber, ihn zu unterschreiben.

Man sah es seinem Gesicht und seinem Gang an, daß er vor kurzem krank gewesen war. Er ging hinüber zu der Witwe und begann zu weinen, und sie weinte mit ihm, und man konnte fühlen, wie sich die Atmosphäre im Raum veränderte. Dieser Mann, der nie in seinem Leben ein Buch gelesen hatte, sprach die Sprache des Herzens und besaß den Schlüssel zu den Pforten des Trostes, der gelehrten Doktoren und Geistlichen fehlte.

Der menschliche Geist ist etwas Großes, vielleicht der sicherste Beweis für Gottes Hand im evolutionären Prozeß. Wenn Sie sich klar darüber werden, daß menschliche Wesen schwächer, langsamer, nackter und verwundbarer geboren werden als viele andere Geschöpfe, dann verstehen Sie, daß wir nur überleben können, wenn wir unsere Intelligenz benützen. Wo andere Lebewesen Fell und Federn haben, haben wir gelernt, Kleider zu weben und unsere Häuser zu heizen. Wo andere Lebewesen starke Muskeln entwickelten, haben wir Maschinen gebaut. Der menschliche Geist hat Medikamente geschaffen und künstliche Herzen erfunden, um das Leben zu verlängern. Er hat Bücher geschrieben, die uns inspirieren und mitfühlender machen können. Aber er hat seine Grenzen. Es gibt Fragen, unter ihnen eine der wichtigsten, die er wahrscheinlich nicht beantworten kann. Wie Pascal es ausdrückte: „Das Herz hat seine Gründe, die der Verstand nicht kennen kann."

Als ich am Seminar studierte, war die Studentenschaft in zwei Lager geteilt: die Rationalisten, die sich der Tradition mit dem Verstand näherten, sie als etwas sahen, was verstanden und erklärt werden muß; und die Mystiker, die sich derselben Tradition mit ihren Seelen näherten, sie als etwas betrachteten, was niemals verstanden oder erklärt, sondern nur erfahren und erlebt werden konnte. Damals stand ich stark auf der Seite der Rationalisten. Für uns waren die anderen mittelalterliche Mystifizierer, die von Akademikern nie ernst genommen werden konnten.

Sie wiederum lehnten uns als Vertreter eines trockenen, schalen Legalismus ab, die nie über das menschliche Maß hinausreichen würden, die zwar den Verstand erhellen, aber nie die Seele speisen könnten. Wir Rationalisten wiederum glaubten, wenn wir den Menschen die Religion erklären und ihnen zeigen könnten, daß sie sinnvoll ist, dann würden sie überzeugt sein. Schließlich hätten wir es mit intelligenten, vernünftigen Leuten zu tun. Warum sollten sie der Vernunft nicht zuhören? Uns entging dabei, daß Glaube wie Liebe, Loyalität, Hoffnung und viele der wichtigsten Dimensionen unseres Lebens in jenem großen, dunklen, irrationalen Bereich verwurzelt sind, in den die Vernunft nicht eindringen und der menschliche Intellekt sich nicht wagen kann.

Adlai Stevenson schrieb einmal:

„Was ein Mensch mit fünfzig weiß und mit zwanzig nicht wußte, ist größtenteils nicht mitteilbar. Alle Beobachtungen über das Leben, die leicht mitgeteilt werden können, sind einem Zwanzigjährigen, der aufmerksam war, ebenso gut bekannt wie einem Fünfzigjährigen. Er hat sie alle gehört, er hat sie alle gelesen, aber er hat sie nicht alle gelebt.

Was er mit fünfzig kennt und mit zwanzig nicht kannte, ist nicht das Wissen um Formeln oder Wortformen, sondern um Menschen, Orte, Handlungen, ein Wissen, das nicht durch Worte gewonnen wurde, sondern durch Berührung, Sehen, Hören, Siege, Mißerfolge, Schlaflosigkeit, Hingabe, Liebe – die menschlichen Erfahrungen und Emotionen dieser Erde und unserer selbst und anderer Menschen; und vielleicht auch ein wenig Glaube und ein wenig Ehrfurcht vor Dingen, die man nicht sehen kann." (Zitiert in William Atwood, *Making It Through Middle Age,* Atheneum, 1972, S. 107.)

Heute bin ich fünfundzwanzig Jahre älter und weiser. Ich kannte Jungs Voraussage, daß wir in der Lebensmitte alle zurückgehen und die Lücken ausfüllen, die wir leer ließen, als wir heranwuchsen. Nun stelle ich fest, daß ich die mystische Tradition des Judentums ebensooft zitiere wie die rationale. Wieder und wieder wende ich mich Büchern zu, für die ich während meiner Studienjahre keine Geduld hatte. Ich schätze die Bedeutung von Bräuchen und Ritualen, die „keinen Sinn ergeben". Es gibt einen Kreislauf von Tageslicht und Dunkelheit, von Verstand und Gefühl in meiner inneren Welt genauso wie in der Welt um mich herum. Manchmal ist es die Aufgabe unseres Lebens, Licht in die Dunkelheit zu bringen, Dingen einen Sinn zu geben, die um uns geschehen, Zusammenhänge herzustellen und sie zu erklären. Doch manchmal ist die Aufgabe unseres Lebens, die Dunkelheit zu akzeptieren, die Dinge, die nicht erklärt werden können und vielleicht auch nicht sollten, als Teil der Welt zu akzeptieren, in der wir leben.

Am Ende des Films entkommt E.T. den Hohepriestern der Wissenschaft und Vernunft, die ihn jagen, und macht sich in der Dunkelheit auf in seine Heimat. Am Ende von *Splash* entfliehen die Seejungfrau und ihr irdischer Liebhaber auf ähnliche Weise den Polizisten und Wissenschaftlern und entkommen in die dunkle unterseeische Welt. Und am Ende werden auch wir eines Tages in die Dunkelheit entschwinden, und wenn wir gelernt haben zu leben, werden wir uns dem nicht weise und nicht töricht, sondern tapfer und furchtlos stellen.

Kapitel 7

Wer hat Angst vor Gottesfurcht?

Ich kann mir den Prediger als einen Mann vorstellen, der älter wird und verzweifelt spürt, wie seine Zeit allmählich verrinnt. Er ist zu ehrlich, um seine Ängste zu verdrängen oder zu verleugnen, und hat das Gefühl, bald an sein Ende zu kommen, ohne jemals etwas Sinnvolles aus seinem Leben gemacht zu haben. Sicher, er war reich, und sein Leben war angenehm, doch all diese Dinge sind vergänglich. Reichtümer können noch zu Lebzeiten schwinden, auf jeden Fall entgleiten sie uns, wenn wir sterben. Reiche Leute können unbeliebt, einsam, krank sein. Und all die Augenblicke der Lust verwehen, sobald sie vorüber sind. Am Ende weiß jeder, daß er sich der Dunkelheit wird allein stellen müssen, daß ihn weder sein Reichtum noch seine Vergnügungen schützen können. Und wenn er gefragt wird: „Was hast du mit deinem Leben gemacht, mit den Möglichkeiten und Vorteilen, die du hattest?", was wird er dann antworten? Daß er viel Geld verdient, eine Menge Bücher gelesen, zahllose Partys besucht hat? Die Lebenssumme eines Menschen sollte mehr sein als das!

Der Prediger ist in dieser Phase seines Lebens weise, belesen und gelehrt genug, um zu erkennen, daß all sein Wissen ihm nicht die Antwort auf die Frage geben kann, die ihn bedrängt. Eines Tages wird er ein Buch schreiben und sie zu beantworten versuchen. Doch ehe er das tun kann, muß er noch einen Weg zurücklegen. Verzweifelt bemüht, mit seinem Leben etwas zu machen, was nicht nur Erfolg verspricht und angenehm ist, sondern im dauerhaften Sinn des Wortes, überspringt er die Grenzen von Wissen und Verstehen und versucht, etwas zu erreichen, an das ihn Vernunft allein nicht führen kann. Der Prediger, der täglich älter und frustrierter wird, wendet sich wie viele alternde Menschen der Religion zu. Von jetzt an wird es keine Fragen und Zweifel mehr geben. Der Prediger wird sich von ganzem Herzen dem Dienst an Gott und der Erfüllung Seines Willens hingeben.

Menschliche Wesen leben nicht ewig. Diese einfache Erkenntnis stellte den Ausgangspunkt der Suche des Predigers dar, sie war der Fels, an dem alle seine Hoffnungen zerschellten. Was hatte es für einen Sinn, reich oder weise zu sein, wenn reiche und arme Menschen, Weise und Narren alle dazu bestimmt sind, zu sterben und vergessen zu werden? Aber Gott ist ewig; Er ist für immer da. Wäre es vielleicht eine Lösung, sich an den Ewigen Gott zu binden und unser Leben in Seinen Dienst zu stellen? Könnte man so dem Tod ein Schnippchen schlagen und jenes Gefühl der Eitelkeit und Endlichkeit vermeiden, das all unser Streben sinnlos macht? Der Prediger beginnt sich mit Dingen zu beschäftigen, die ewig recht und wahr sind, weil er hofft, auf diese Weise die Ewigkeit zu gewinnen.

Er sagt uns an keiner Stelle, warum das nicht funktioniert hat. Vielleicht war er ein zu großer Individualist, um sich mit der Aussicht zufrieden zu geben, zu sterben und dann zu verschwinden, aber ewigen Werten gedient zu haben. Vielleicht fand er in den Hallen der Religion Heuchelei und Gemeinheit und erfuhr, daß der nach außen hin Frömmste innerlich verdorben sein kann, und begann den Wert der Frömmigkeit anzuzweifeln. An einer Stelle (8:10) schreibt er, er habe Gottlose gesehen, die mit allen Ehren im Schatten des Tempels bestattet wurden, während gerechte, aber bescheidene Menschen vergessen und ungeehrt blieben. Vielleicht war er einfach zu alt, um noch die kritischen, skeptischen Gewohnheiten eines ganzen Lebens ändern zu können. Doch aus welchem Grund auch immer, bald hören wir ihn sagen: „Bewahre deinen Fuß, wenn du zum Hause Gottes gehst, und komme, daß du hörest." (4:17) „Sei nicht allzu gerecht und nicht allzu weise, daß du nicht verderbest. Sei nicht allzu gottlos und narre nicht, daß du nicht sterbest zur Unzeit. Es ist gut, daß du dieses fassest und jenes auch nicht aus deiner Hand lässest." (7:16–18) Mit anderen Worten: Dein Leben soll eine Mischung aus Frömmigkeit und Sünde sein; tue alles mit Maßen! Frömmigkeit allein war offenbar nicht die Antwort.

Es ist eine verheerende Erfahrung, von Gott verlassen zu sein. Wie man sich Gott auch vorstellt und welche Namen man ihm auch gibt, sein Leben auf gewissen Annahmen zu gründen und diese dann unter sich zusammenbrechen zu sehen, ist eine erschütternde Erfahrung. Man hat das Gefühl, daß nicht nur unsere Theologie nicht richtig ist, sondern daß nichts auf der Welt richtig ist. Nehmen Sie Gott aus der Welt heraus und lassen Sie einen Menschen auf Grund der Tatsachen zugeben, daß die fundamentalen Vermutungen des Lebens falsch sind, erscheint die ganze Welt sinnlos. Ich denke an die idealistischen Intellektuellen der zwanziger und dreißiger Jahre unseres Jahrhunderts, die sich mit Herz und Seele der Kommunistischen Partei verschrieben und jahrelang versuchten, deren Grausamkeit und Heuchelei nicht zur Kenntnis zu nehmen. Als sie sich schließlich der Wirklichkeit stellen mußten, war das mehr als eine Lehre oder Enttäuschung. Es war die Zerstörung der moralischen

Basis ihres Lebens. (Es gibt tatsächlich ein Buch über desillusionierte ehemalige Kommunisten mit dem Titel *The God That Failed* (Der Gott, der scheiterte)). In Camus' Roman *Die Pest* sagt der Priester Paneloux seiner Gemeinde wiederholt, der Ausbruch der Beulenpest in ihrer Stadt sei Gottes Strafe für ihre Sünden, aber Gott wende schließlich alle Dinge zum Besten. Als kurz darauf ein unschuldiges Kind unter Qualen stirbt, wird Pater Paneloux selbst krank und stirbt fast unmittelbar danach, weniger an der Pest, wie man vermuten kann, sondern an der Erfahrung, daß sich die Prinzipien, denen er sein ganzes Leben geweiht hat, als falsch erwiesen haben. Wie könnte er ohne sie leben? Sein Gott hat ihn im Stich gelassen.

Der Gott des Predigers ließ diesen ebenfalls im Stich. Er hatte sich Gott zugewandt, weil er Sicherheit, Heiterkeit und Freiheit von Angst und Zweifel zu finden hoffte, wenn er sich in den Dienst Gottes stellte. Es war vermutlich nicht sein Fehler, daß er das, was er in der Religion suchte und brauchte, nicht fand, und es war gewiß nicht Gottes Fehler, daß der Prediger sich auf der Suche nach den falschen Dingen an die Religion wandte. Der Fehler, wenn es denn überhaupt einen gab, lag vielleicht in der Natur der Religion, wie sie damals verstanden wurde.

In der Bibel gibt es kein Wort für „Religion". Der Begriff ist zu abstrakt. Der Ausdruck, der ihr sinngemäß noch am nächsten kommt, lautet „Gottesfurcht". Was bedeutet das Wort „Gottesfurcht" für Sie? Beschwört es das Bild einer allmächtigen Autorität herauf, die im Himmel lebt und Ihren Willen zu uns herabdonnert, bereit, uns zu zerschmettern, wenn wir nicht gehorchen? Erinnert es Sie an einen Gott, der jeden unserer geheimen Gedanken und alle unsere Taten kennt und uns bestrafen wird, wenn wir Unrecht tun (uns „Gottesfurcht einflößt")? Falls ja, dann gehören Sie zu den vielen Menschen, heute und zu allen Zeiten, deren Religionsverständnis auf Furcht vor Strafe begründet ist. Die Religion wird eine Angelegenheit, bei der Gott befiehlt. Und wir gehorchen und werden dafür belohnt, oder wir gehorchen nicht und werden dafür bestraft. So verstanden zur Zeit des Predigers die meisten Menschen die Religion. („Werdet ihr in meinen Satzungen wandeln und meine Gebote halten und tun, so will ich euch Regen geben zu seiner Zeit, und das Land soll sein Gewächs geben und die Bäume auf dem Felde ihre Früchte bringen; ... werdet ihr aber mir nicht gehorchen und nicht tun diese Gebote alle und werdet meine Satzungen verachten ..., so will ich euch auch solches tun: Ich will euch heimsuchen mit Schrecken, Darre und Fieber, daß euch die Angesichter verfallen und der Leib verschmachte; ihr sollt umsonst euren Samen säen, und eure Feinde sollen ihn essen." (3 Moses 26)). Deshalb konnte der Prediger keine Erfüllung finden, als er versuchte, die Religion zum Eckstein seines Lebens zu machen. Vielleicht war er seiner Zeit weit genug voraus, um zu spüren, daß ein Leben des Gehorsam, begründet auf Furcht, nicht das war, was er suchte.

Den wichtigen philosophischen Punkt dieses Kapitels muß ich mit einer persönlichen Geschichte einleiten. 1961 war ich Geistlicher bei der Armee der Vereinigten Staaten, stationiert in Fort Sill, Oklahoma. Ich war zu einer Konferenz im Osten gewesen und flog von New York aus nach Oklahoma zurück; in Chicago mußte ich das Flugzeug wechseln. Der Flug von New York hatte Verspätung; ich verpaßte die Anschlußmaschine in Chicago und mußte mehrere Stunden auf den nächsten Flug warten. Ich hatte das Buch, das ich mitgebracht hatte, fast ausgelesen, und vor mir lagen zwei Stunden Wartezeit und zwei Stunden Flug. Robert Louis Stevenson hat einen Intellektuellen einmal als jemanden definiert, der eine Stunde auf einen Zug warten kann, ohne etwas zu lesen und sich nicht langweilt. Ich bin also vermutlich nicht zum Intellektuellen qualifiziert; ich brauchte ein Buch, um diese

Stunden auszufüllen. Ich ging zum Taschenbuch-Stand im Flughafen *O'Hare*. Es gab tatsächlich nur ein einziges Buch, das keine halbnackte Frau auf dem Einband zeigte. Es trug den Titel *Das moralische Urteil beim Kinde* (Zürich, Rascher, 1954), Autor war Jean Piaget. Ich hatte nie zuvor von Piaget oder seinem Buch gehört, aber ich kaufte es, weil ich, als Geistlicher leicht erkennbar, nicht mit einem schlüpfrigen Roman an Bord gehen wollte. Das Buch und die in ihm niedergelegten Gedanken wurden eine der Kräfte, die mein Leben und Denken verändert haben. Manchmal frage ich mich, wie anders mein Leben verlaufen wäre, wenn mein Flugzeug an diesem Tag *La Guardia* pünktlich und nicht mit vierzig Minuten Verspätung verlassen hätte.

Jean Piaget, ein Schweizer Psychologe, war von der Frage fasziniert, wie Kinder sich geistig entwickeln. In welchem Alter fangen sie an, Begriffe wie „mein" und „dein" zu verstehen? Was wissen sie in verschiedenen Lebensaltern von Raum und Zeit, von Wahrheit und Täuschung? Ergebnis seiner Forschungen waren zahlreiche Bücher über den Prozeß des Denkens bei Kindern.

Das moralische Urteil beim Kinde befaßt sich mit der kindlichen Auffassung von richtig und falsch, erlaubt und verboten. Piaget hatte eine entwaffnend einfache Methode, seine Daten zu sammeln. Er ging durch die Straßen von Genf, sprach Kinder an, die Murmeln spielten, und stellte ihnen drei Fragen:

Wie alt bist du?

Wie spielst du Murmeln?

Woher weißt du, daß man es so spielt?

Er lernte damit die Einstellung von Kindern verschiedenen Alters zu Regeln jeder Art, zu religiöser und weltlicher Autorität kennen. Piaget entdeckte drei Stadien in der Entwicklung des kindlichen Gefühls für Autorität.

Kleine Kinder sehen die Regeln eines Spiels und damit alle Regeln, die ihnen gegeben werden, als von einer höheren Autorität gegeben an. So soll man eben spielen bzw. sich verhalten, und es kommt ihnen nie in den Sinn, Dinge anders zu machen. Piaget pflegte diese kleinen Kinder zu fragen: „Warum mußt du es so machen? Und wenn du das Spiel nun anders spielen würdest?" Sie starrten ihn verständnislos an und sagten: „Aber das ist nicht richtig. Wenn man es anders macht, spielt man nicht Murmeln". Regeln sind Regeln, und man wird Teil des Systems, indem man sie akzeptiert und befolgt.

Wenn die Kinder älter werden und sich der Pubertät nähern, so stellte Piaget fest, beginnen sie diese Regeln in Frage zu stellen, wie sie überhaupt alle Autorität in Frage stellen.

Jetzt brauchen sie nicht mehr durch die Frage eines Erwachsenen dazu veranlaßt zu werden. Sie selbst sagen: „Wer sagt, daß wir es so machen müssen? Es ist unser Spiel; warum können wir nicht Regeln einführen, die wir wollen?" Im Normalfall durchlaufen die Kinder dann eine Phase der Verantwortungsfreiheit; sie erfinden eine Menge törichter Regeln und machen das Spiel manchmal zu leicht, so daß es keinen Spaß mehr macht, oder sie machen es übermäßig schwer, bis sie zu dem Schluß kommen, daß sie die Macht haben, Regeln aufzustellen und zu verändern, daß aber die Regeln, die sie wollen, fair und vernünftig sein müssen, weil sonst das Spiel keinen Spaß macht.

An diesem Punkt, sagt Piaget, stehen sie an der Schwelle der Reife. Sie verstehen, daß Regeln nicht „von oben" kommen. Regeln sind von Menschen gemacht, im Laufe der Zeit wurden sie vervollkommnet, und sie können von Menschen geändert werden. „Gut" zu sein bedeutet nun nicht mehr, einfach nur Regeln zu gehorchen.

Jetzt bedeutet es auch, für Regeln verantwortlich zu sein, die zu allen fair sind, damit wir alle das Leben in einer fairen und gerechten Gesellschaft genießen können.

Piaget geht davon aus, daß diese Einstellung zu einem Murmelspiel ein Signal für unsere Einstellung zu allen Regeln, zu jeder Autorität ist. Wenn wir jung sind, zeigen wir, daß wir Anleitungen schätzen, und deshalb akzeptieren und befolgen wir die Regeln. Ein „gutes" Kind ist nicht unbedingt ein großzügiges oder moralisch sensibles Kind, sondern ein gehorsames und folgsames. In diesem Stadium haben wir Schwierigkeiten bei dem Gedanken, daß andere Menschen, andere Kulturen, andere Religionen Regeln haben, die von unseren verschieden sind. Wenn wir recht haben und sie anders sind, dann müssen sie unrecht haben. Wir sind die Norm; sie sind „komisch" oder exotisch, wenn sie anders essen, sich anders kleiden, anders beten als wir. Ringe in den Ohren zu tragen ist das, was normale Leute tun; einen Ring in der Nase zu tragen ist bizarr.

In der Pubertät sind die „Kinder" nicht mehr daran interessiert, „gut" zu sein. Gehorsamkeit, das Wohlwollen der Eltern ist nicht mehr ihr höchstes Ziel. Wie Piagets Versuchspersonen des zweiten Stadiums, die törichte Dinge mit Murmeln taten, bis sie merkten, daß es eigentlich keinen Spaß mache, verletzen sie manchmal sich selbst oder andere, um zu beweisen, wie frei von Regeln sie sein können. Wie jeder weiß, der Kinder im Teenageralter erzogen hat, weisen sie gute Ratschläge lieber zurück, als auf ihre Eltern und andere Autoritätspersonen zu hören. Das ist ihr Begriff von „frei sein".

Dann wachsen sie, wenn sie Glück haben, zu verantwortlichen Erwachsenen heran, Männer und Frauen, deren Definition von „gut" nun mehr als Gehorsam bedeutet. Jetzt bedeutet es, die Regeln und die Macht unter dem Gesichtspunkt der Fairness zu bewerten. Ich las Piagets Buch an diesem Abend im Flugzeug nach Oklahoma, und als ich zu Hause ankam, las ich es noch einmal. Ich erkannte, daß er nicht nur beschrieb, wie die individuelle menschliche Seele sich moralisch entwickelt.

Er gab uns auch, vielleicht ohne sich dessen bewußt zu sein, einen Führer durch die Geschichte und möglicherweise die zukünftige Entwicklung der beiden großen Zentren von Autorität in unserer Gesellschaft, der Politik und der Religion.

Ähnelt die Geschichte der Menschenherrschaft nicht Piagets Schema der Geschichte eines einzelnen Kindes, das Murmeln spielt? Am Anfang gab es absolute Herrscher und gehorsame Untertanen. Monarchen hatten die absolute Herrschaft und die Macht, Gesetze zu machen und zu erlassen, Steuern nach Belieben festzusetzen und einzutreiben. Loyalität dem Herrscher gegenüber, Gehorsamkeit als Bürger, Dienst in der Armee und klagloses Bezahlen der Steuern waren die einzigen wirklichen Bürgertugenden. Die Menschen gehorchten ihrem König, und zwar gewöhnlich nicht, weil sie ihn liebten – wir könnten sie das, da sie ihn kaum kannten? – oder glaubten, er wolle nur ihr Bestes, sondern weil sie seine Macht fürchteten.

Dann gab es Revolutionen gegen die absolute Macht der Herrscher, die oft zu Chaos und Exzessen führten, denen viele Unschuldige zum Opfer fielen.

Dieses revolutionäre Chaos seinerseits ließ die Demokratie entstehen, die Idee, daß alle Menschen an der Schaffung der Gesetze beteiligt sein sollen, damit diese ihren kollektiven Willen und ihre Weisheit widerspiegeln. Die Regierenden regierten nur aufgrund der Wahl und des Konsenses des Volks insgesamt.

Und wie verlief die Geschichte der Religion und was wir unter Gott verstanden im Laufe der Generationen? Einst stellte man sich Gott als absoluten Monarchen, als König der Könige vor. Er sagte uns, wie wir leben sollten, und wir erwiesen uns als gute Menschen, gehorchten ihm und lebten nach Seinem Wort. Er belohnte uns für unsere bedingungslose Hingabe und bestrafte uns, wenn wir untreue Diener waren. Jede Gemeinschaft hatte ihre religiösen Führer, Menschen, die für Gott sprachen und Seinen Willen kannten, und die Gläubigen fühlten sich verpflichtet, ihnen zu gehorchen. Gott und Seine menschlichen Stellvertreter brauchten sich nie zu erklären. Sie brauchten nur anzuordnen, und die Menschen folgten.

Dann, etwa um dieselbe Zeit, in der die Menschen begannen, das göttliche Recht der Könige zu bezweifeln und beim Regieren mitzubestimmen, fingen sie auch an, sozusagen das göttliche Recht Gottes anzuzweifeln. Sie sahen die Bibel als ein Dokument, das von Menschen geschrieben, aber nicht von Gott diktiert war. Sie sahen gewisse Gesetze und Bräuche als Folgen kultureller und ökonomischer Lebensumstände der Menschen, die sie geschaffen hatten, und nicht mehr als direkte Forderung Gottes. Die Menschen wollten nicht länger „treue Diener" sein. Sie wollten Gottes zur Reife herangewachsene Kinder sein. Parallel zum Entstehen der politischen Demokratie in Europa und Amerika pochten die Menschen auch auf ihr Recht, in Angelegenheiten des Glaubens und der Moral „abzustimmen".

Mich hat der Einfluß fasziniert, den die amerikanische Umgebung auf protestantische, katholische und jüdische Traditionen ausgeübt hat, die von den Einwanderern aus Europa mitgebracht worden waren. Autoritäre religiöse Forderungen mußten sich dem amerikanischen Glaubensbekenntnis unterwerfen, das lautet: „Dies ist ein freies Land, und niemand wird mir sagen, was ich zu tun habe." Kirchen, die die Betonung auf lokale, „demokratische" Kontrolle legten – die Baptisten, Kongregationalisten und Unitarier –, hatten mehr Zulauf als die zentralisierten, hierarchisch kontrollierten Kirchen, die in Europa mächtig gewesen waren. Amerikanische Katholiken fühlten sich frei, gegen die Lehren ihrer Kirchenführer aufzubegehren und sich dennoch als gute und loyale Katholiken zu betrachten. Juden gaben die Orthodoxie um der weniger anspruchsvollen Stimme der Reform willen auf oder antworteten auf die konservative Lehre, daß Religion vom Volk geformt und nicht von den Führern befohlen wird. Wie Piagets murmelspielende Kinder in den Gassen von Genf entwickelten sich religiöse Gemeinschaften aus dem Stadium gehorsamer, folgsamer Kinder über eine Periode der Ablehnung und Rebellion hinweg zu einer Gemeinschaft freier Erwachsener, die Mitbestimmung bei den Regeln verlangten, nach denen sie leben wollten.

Piaget könnte behaupten, daß er uns nicht nur alternative Muster moralischen Verhaltens zeigen wollte. Die späteren Stadien sind besser, genauso wie ein Erwachsener reifer ist als ein Kind. Ganz gleich, wie reizend und anmutig ein Kind auch sein mag, es hat etwas Unvollkommenes an sich. In diesem Sinne sind Demokratie und Anteil an der Macht nicht nur Fragen des westlichen Geschmacks wie Baseball und Cheeseburgers. Sie repräsentieren eine höhere, vollständigere, moralischere Form sozialer Organisation als eine Diktatur. Die Lebensmuster hinter dem Eisernen Vorhang zum Beispiel, wo die Regierung alles kontrolliert und die Menschen in ständiger Angst vor den Behörden leben, sind objektiv weniger moralisch, weil sie ein weniger reifes, kindlicheres Stadium der Entwicklung repräsentieren. Diese frühen Stadien mögen für ein kleines Kind angemessen sein, ebenso wie es für ein kleines Kind angemessen ist, daß es mit seinen Eltern leben und andere für sich entscheiden lassen möchte. Doch ein Mensch, der aus diesen kindlichen Mustern und Begriffen nicht hinauswächst, wenn er älter wird, hat etwas Unreifes an sich.

Und hier kann Piaget uns nicht nur über den Geist des Kindes, sondern über die Zukunft der Religion und das Streben nach dem guten Leben aufklären. Er lehrt uns, daß *Gehorsam nicht unbedingt die höchste religiöse Tugend ist.* Eine Religion, die Moral als Befolgung ihrer Gebote definiert, ist angemessen für Kinder und unreife

Menschen und war möglicherweise der Menschheit zumutbar, als die Zivilisation noch unterentwickelt war. Die Bibel kann behaupten: „So spricht der Herr"; sie kann den Gerechten Belohnung und den Bösen Strafe versprechen, weil sie sich an Menschen in den frühesten Stadien ihrer moralischen Entwicklung wandte. Die Bibel mag durchaus das Wort Gottes sein, aber sie ist vielleicht nicht Sein letztes Wort, nicht weil Gottes Fähigkeit, sich zu äußern, beschränkt war, sondern die Fähigkeit der Menschen, Ihn zu verstehen. Eine Religion, die darauf beharrt, „gut" als „fraglos gehorsam" zu verstehen, ist eine Religion, sie uns alle auf Dauer zu Kindern machen würde.

Ich habe Menschen gekannt, denen es mit ihrer Religion sehr ernst war, Menschen, deren religiöse Bindung der stärkste Faktor bei der Gestaltung ihres Lebens war. Ich habe mich dennoch oft gefragt, ob die Religion auch gut für sie sei. In einigen Fällen erlebte ich eine hektische Furcht vor der Sünde, eine ständige Angst, sie könnten unabsichtlich ein Gebot gebrochen, etwas Falsches getan und Gott beleidigt, die Liebe ihres Himmlischen Vaters verloren haben. Bei anderen erlebte ich Hoffnung und den Glauben „Nun wird Gott sehen, wie gut und hingebungsvoll ich bin, und vielleicht wird Er mich endlich lieben." Ich habe Juden gekannt, die den Sabbat nicht in Heiterkeit und geistiger Frische verbrachten, sondern in ständiger Sorge, sie könnten etwas Verbotenes tun, bis der Tag zu einer wöchentlich wiederkehrenden Mühsal wurde, die durchgestanden werden mußte. Ich habe Christen gekannt, die keinen Werbespot im Fernsehen sehen konnten, ohne besorgt zu sein, sie könnten wollüstige Gedanken beim Anblick der Models haben, oder die sich jedesmal vor der Sünde des Stolzes fürchteten, wenn jemand ihnen ein Kompliment machte, welches gute Beispiel sie der Gemeinde gäben. Alles wurde im Geiste von „Nun wird Gott sehen, was ich für ein guter Mensch bin, und Er wird mich lieben" getan. Ich konnte mich des Gefühls nicht erwehren, daß an diesen Einstellungen etwas Unreifes ist, daß ein solches Religionsverständnis sie irgendwie daran hinderte, erwachsen zu werden.

Es gibt einen Teil in uns, der Kind bleiben möchte. Wenn Peter Pan singt, er wolle nicht erwachsen werden und keine Verantwortung übernehmen, dann finden die Kinder im Publikum, die es alle kaum erwarten können, ein Jahr älter zu werden, ihn seltsam. Doch die Erwachsenen verstehen ihn vollkommen (und natürlich war es ein Erwachsener, der das ursprüngliche Stück schrieb, und ein weiterer Erwachsener, der es vertonte). Es gibt einen Teil in uns, vor allem in Streßzeiten, der umhegt und versorgt werden möchte, der hören möchte: „Du brauchst dir keine Sorgen zu machen; ich werde alles für dich regeln." Wie oft habe ich im Krankenhaus Patienten erlebt, Männer und Frauen, die normalerweise täglich viele Entscheidungen zu fällen und Verantwortung zu tragen hatten und die dort zu einer fast kindlichen Haltung von „Kümmert euch um mich" zurückfanden. Ein spanischer Mönch des Mittelalters schrieb in sein Tagebuch: „Ich bin zuversichtlich, daß ich nach meinem Tod in den Himmel kommen werde, weil ich nie eine eigene Entscheidung getroffen habe. Ich habe immer den Befehlen meiner Oberen gefolgt, und wenn ich irrte, so ist es ihre Sünde und nicht meine."

Ähnlich versuchte der Psychologe Erich Fromm, nachdem er aus Norddeutschland in die Vereinigten Staaten geflohen war, zu verstehen, wie ein kultiviertes, gebildetes Volk wie die Deutschen einen Mann wie Hitler an die Macht kommen lassen konnte. In seinem Buch *Die Furcht vor der Freiheit* (Frankfurt a. M., 1966) versucht er, eine Antwort zu geben. Manchmal, so sagt er, werden die Probleme des Lebens so überwältigend, daß wir daran verzweifeln, sie je zu lösen. Wenn dann jemand kommt und mit lauter, zuversichtlicher Stimme sagt: „Folge mir, ohne zu fragen, tue alles, was ich dir sage, und ich führe dich da heraus", ist das für viele von uns ein sehr verlockendes Angebot. Wenn das Leben schwierig wird, möchten wir, daß jemand zu uns sagt: „Zerbrich dir darüber nicht deinen kleinen Kopf. Laß mich das für dich machen, und ich verlange dafür von dir nichts weiter als deine Dankbarkeit und totalen Gehorsam."

Dieser Wunsch nach jemandem, der uns die Dinge abnimmt, wenn das Leben kompliziert zu werden beginnt, verrät das Kind in uns, das aus unserem erwachsenen Körper spricht. Wenn die Religion diesem Wunsch entspricht, wenn religiöse Führer uns in kindlicher Unterwerfung und Abhängigkeit halten, uns sagen, was wir tun sollen, und dafür unseren Gehorsam und unsere Dankbarkeit verlangen, erweisen sie uns einen schlechten Dienst. Hier wurde auch der Prediger von der Religion seiner Zeit im Stich gelassen. Wirkliche Religion sollte nicht auf uns hören, wenn wir sagen: „Das ist zu schwer. Sag mir, was ich tun soll, damit ich es nicht selbst herausfinden muß." Sie sollte uns drängen, zu wachsen, kindliche Gewohnheiten hinter uns zu lassen, selbst dann, wenn wir geistig lieber Kinder bleiben möchten. Religion sollte uns sogar ermutigen, ihre eigenen Positionen kritisch in Frage zu stellen, nicht aus jugendlicher Ungeduld heraus, sondern auf der Grundlage eines informierten erwachsenen Gewissens. („Ermutigen" ist ein so gutes Wort. Religion sollte uns nicht Antworten geben. Sie sollte uns den Mut geben, unseren eigenen Weg zu finden.)

Meine Arbeit als Rabbiner wäre sehr viel einfacher, wenn ich von den Leuten erwarten könnte, daß sie mir in allem gehorchen, was ich ihnen sage, ebenso wie mein Beruf als Lehrer leichter wäre, wenn die Schüler alles, was ich sage, ohne zu fragen niederschreiben und auswendig lernen würden. Doch in beiden Fällen würde ich den Menschen nicht gerecht werden, die zu mir kommen, um Aufklärung zu finden. Menschen sind eher wie Pflanzen, die genährt werden müssen, als leere Gefäße, die mit zusätzlicher Weisheit zu füllen sind. Wir können von *Kindern* verlangen, daß sie gehorchen. „Spiele nicht damit!" ist angemessener als ein Vortrag über die Gefahren des Feuerlegens. Wir sollten aufhören, im Namen der Religion Erwachsene so zu behandeln, als seien sie noch Kinder. Moral muß schließlich mehr bedeuten als Gehorsam.

Gottesfurcht mag in der Tat der Beginn der Weisheit und der Eckstein rechten Lebens sein, wie die Bibel wiederholt aussagt. Aber „Gottesfurcht" bedeutet nicht, Angst vor Gott zu haben. „Gottesfurcht" ist nicht Angst, wie wir das Wort heute definieren, sondern Ehrfurcht und Verehrung. Angst ist ein negatives Gefühl. Sie engt ein. Sie erweckt in uns entweder den Wunsch, vor dem wegzulaufen, was wir fürchten, oder aber, es zu zerstören. Sie erweckt in uns Zorn und Groll, Wut auf den Menschen oder die Sache, die uns ängstigt, und Wut über unsere eigene Schwäche, die uns verwundbar macht. Gott aus Angst zu gehorchen heißt, Ihm mürrisch und nur mit halbem Herzen zu dienen.

Ehrfurcht aber ist anders. Das Gefühl der Ehrfurcht ist in gewisser Hinsicht der Furcht ähnlich. Wir haben das Empfinden, überwältigt zu sein, vor etwas oder jemandem zu stehen, das oder der mächtiger ist als wir selbst. Doch Ehrfurcht ist ein positives Gefühl. Wenn Furcht in uns den Wunsch erweckt, wegzulaufen, läßt Ehrfurcht uns wünschen, hinzugehen, wenn wir auch zögern, allzu nahe zu kommen. Wir vergessen die eigene Schwäch[e], stehen mit offenem Mund da und bewundern, was g[rößer] ist als wir selbst.

Am Rande eines steilen Abhangs zu stehe[n], unten zu blicken, heißt Angst empfinden. Wi[r] schnell und heil wie möglich aus dieser S[ituation] Sicher auf einem Berggipfel zu stehe[n] hen, heißt, Ehrfurcht empfinden. W[ir] verweilen.

Vielleicht hat der Prediger am Ende seiner religiösen Phase zu Gott gesagt: „Was verlangst Du noch von mir? Ich habe mich vor Dir erniedrigt, ich habe Dir unbedingten Gehorsam erwiesen, ich habe alle getan, was Du von mir gefordert hast. Warum also hast Du mir dieses Gefühl der Reife, dieses Versprechen von Ewigkeit vorenthalten, nach dem ich suchte?" Und Gott könnte geantwortet haben: „Was glaubst du, was Ich davon habe, wenn du dich vor Mir erniedrigst? Meinst du wirklich, Ich sei so unsicher, daß ich deine Erniedrigung brauche, um Mich groß zu fühlen? Ich wünschte, die Leute würden aufhören, das zu zitieren, was Ich der menschlichen Rasse in ihrer Kindheit sagte, und dem zuhören, was Ich ihr heute zu sagen versuche. Von Kindern und von geistigen Kindern erwarte ich Gehorsam. Doch wenn du von ‚unbedingtem Gehorsam' sprichst, ist das nur ein anderer Name für deine Unfähigkeit, wie ein Erwachsener zu handeln und die Verantwortung für dein eigenes Leben zu übernehmen. Du willst dich reif fühlen? Du willst dich so fühlen, als hättest du endlich gelernt, wie du leben sollst? Dann höre auf zu sagen: ‚Ich habe nur getan, was Du mir gesagt hast', und sprich statt dessen so: ‚Es mag Dir gefallen oder nicht, aber ich habe lange darüber nachgedacht, und ich halte es für richtig.'"

…s sagen: „Gehorche!
…Vergangenheit!" Sie
…twas zu wagen, sogar
…und aus unseren Feh-
…avor zurückzuschrek-
…gebrauchen. Für ver-
…achsene ist Gott nicht
…ie tun sollen. Gott ist
…u wachsen, zu streben,
…enschen spricht, dann
…ind sagen würde: „Ich
…es tust." Er sagt viel-

mehr: „Geh hinaus in eine Welt, von der es keine Karten gibt, wo du noch nie gewesen bist, kämpfe, um deinen Weg zu finden, aber wisse, ganz gleich, was geschieht, daß ich mit dir bin." Wie ein Vater, der wahrhaft stolz ist, wenn seine Kinder ganz allein Erfolg haben, ist Gott reif genug, um Freude an unserem Wachstum zu haben, nicht an unserer Abhängigkeit von Ihm.

Wahre Religion will keine gehorsamen Menschen. Sie will wahrhaftige Menschen, integre Menschen. Was ist Integrität? Das Wort „integer" bedeutet ganz, ungeteilt, aus einem Stück. Integer leben bedeutet: herauszufinden, wer man ist, und diese Person zu bleiben. Religion erwartet nicht, daß wir vollkommen sind. Das wäre nicht nur unmöglich und zwangsläufig zum Scheitern verurteilt, es wäre auch nahezu antireligiös. Wenn wir vollkommen wären, könnten wir niemals lernen (denn das würde ja bedeuten, daß uns vorher etwas fehlte). Wir könnten niemals wachsen oder uns verändern.

Wir bräuchten dann auch keine Religion, und in unserer Vollkommenheit wären wir ebenso groß wie Gott. Doch Religion kann von uns erwarten, in einem anderen Sinne vollkommen zu sein, nicht makellos, aber beständig.

Wir können vielleicht nicht so weise, so mächtig oder so gut sein wie Gott, aber wir können danach streben, so *ganz* zu sein wie Er. Wahre Religion fordert von uns nicht, daß wir vollkommen sein sollen, sondern daß wir jederzeit unser bestmögliches Selbst sein sollen.

Als Vater eines Teenagers und Lehrer, der oft mir Heranwachsenden zu tun hat, weiß ich, wie schnell Teenager ihre Eltern und die religiösen und politischen Führer der Heuchelei bezichtigen. Einer der abschätzigsten Namen, die sie jemandem geben können, lautet „Heuchler"; sie meinen damit eine Person, die Dinge sagt, die sie nicht meint, und gewisse Dinge zu glauben vorgibt, nach denen sie nicht handelt.

Ich frage mich tatsächlich, warum junge Menschen sich über Heuchelei mehr entrüsten als über ebenso ernste Dinge (Grausamkeit gegenüber Schwachen beispielsweise oder die Wegnahme von Sachen, die einem nicht gehören). Ich vermute, es liegt daran, daß Heuchelei und Integrität in ihren Entwicklungsjahren für sie große Themen sind. Die Zeit des Heranwachsens ist eine so flüchtige Zeit. Junge Menschen können in einem Augenblick lerneifrig und respektvoll sein und eine Stunde später ungeduldig und heftig. Sie können am Nachmittag, wenn sie ein Kinderheim besichtigen oder Geld sammeln, um den Hunger in der Welt zu bekämpfen, sehr idealistisch sein, und ein paar Stunden später bei einer Verabredung zeigen sie sich vielleicht unglaublich egoistisch und selbstbezogen. Heranwachsende sind dabei herauszufinden, wer sie sind, und es ist sehr unbequem für sie, labil zu sein. Wahrscheinlich glauben sie, sie werden in einigen Jahren die Lösung aller Fragen gefunden haben. Mit fünfzehn, so sagen sie sich vielleicht, mag ich unsicher und unstet sein. Aber mit zwanzig werde ich täglich, den ganzen Tag lang, die gleiche Person sein.

Deshalb regt es sie so auf, wenn sie feststellen, daß sogar ältere und wohlangesehene Leute dieses Gefühl der Integrität nicht erreicht haben. Darum ist eines der Ziele des Menschen, der sich voll verwirklicht, dieses Gefühl der Integrität zu entwickeln.

Religion ist kein nörgelnder Elternteil und auch keine Karteikarte, auf der unsere Erfolge und Mißerfolge verzeichnet sind und unsere Leistungen anerkannt werden. Religion ist ein läuterndes Feuer, das uns hilft, uns von allem zu befreien, was nicht wir sind, was unsere Person verzerrt, auflöst oder kompromittiert, bis nur noch unser authentisches Selbst übrigbleibt. Gottes erste Worte an Abraham: „Gehe aus deinem Vaterlande und von deiner Freundschaft und aus deines Vaters Haus in ein Land, das ich dir zeigen will" können auch so verstanden werden:

„Folge mir und gehorche mir ohne Frage." Doch sie können auch bedeuten: „Laß alle Einflüsse hinter dir, die dich daran hindern, der Mensch zu sein, der du sein kannst, damit der wahre Abraham an den Tag kommen kann."

Wie ist jemand, der integer ist? Im Jiddischen benutzen wir dafür das deutsche Wort ein *mensch*. Mensch zu sein in diesem Sinne bedeutet, die Person zu sein, die Gott sich vorstellte, als er die Menschen sich entwickeln ließ: ein Mensch der ehrlich ist, zuverlässig, weise genug, um nicht mehr naiv zu sein, doch auch nicht zynisch, eine Person, bei der man sich darauf verlassen kann, daß sie uns zu unserem Nutzen und nicht zu ihrem eigenen einen Rat gibt. Ein Mensch in diesem Sinne handelt nicht aus Angst oder dem Wunsch, einen guten Eindruck zu machen, sondern hat eine starke innere Überzeugung, wer er ist und wofür er steht. Ein Mensch in diesem Sinne ist kein Heiliger oder Vollkommener, sondern eine Person, die von aller Falschheit, Selbstsucht und Rachsucht geläutert ist, so daß nur noch das reine Selbst übrigbleibt. Ein Mensch in diesem Sinne ist ganz und ist eins mit seinem Gott.

Ich habe integre Menschen gekannt. Der Eindruck, den sie hinterlassen, ist bemerkenswert. Sie haben eine ruhige Zuversicht an sich, ein Gefühl der Ruhe.

Im Unterschied zu ängstlichen religiösen Menschen, die beständig fürchten, sie könnten irgendein Gebot gebrochen und Gott beleidigt haben, bemühen sich Männer und Frauen von Integrität, ihren eigenen hohen Maßstäben entsprechend zu leben, ohne zu fragen, ob sie Gott beleidigen oder erfreuen. Und doch hat man in ihrer Gegenwart das Gefühl, daß Gott Grund hat, erfreut zu sein.

Pater Robert F. Drinan war einige Jahre lang der für mich zuständige Kongreßabgeordnete. Er war ein beredter Befürworter von Mitgefühl und Liberalismus. Weil er römisch-katholischer Priester und Dekan einer juristischen Fakultät gewesen war, ehe er in den Kongreß gewählt wurde, hörte man ihm zu, wenn er über moralische und ethische Themen sprach, und er schien jede Gelegenheit erfreut wahrzunehmen, an der Gestaltung amerikanischer Gesetze und amerikanischen Lebens mitzuwirken. Doch als Rom den Priestern verbot, politische Ämter anzunehmen, verzichtete Robert Drinan, als seine Zeit abgelaufen war, auf eine Wiederwahl. Ein Reporter fragte ihn, ob er erwogen habe, dem Verbot politischer Ämter zu trotzen, und er antwortete: „Oh nein, das könnte ich niemals." Manche Leute meinten, er folge damit einfach dem Gelübde, seinen Oberen zu gehorchen, und wolle damit sagen, er könne nicht mehr für sich selbst denken, nachdem die Anordnung ergangen war. Doch ich glaube zu verstehen, was er gesagt hat. Er hat gesagt, daß er wußte, wer er war. Ein Jesuit zu sein war der Kern seiner Identität; alles andere, so angenehm oder befriedigend es auch sein mochte, war zweitrangig. Er konnte nichts tun, was gegen diesen Kern verstieß oder mit ihm in Konflikt stand. Hätte er versucht, manchmal Jesuit und manchmal Kongreßabgeordneter zu sein, dann hätte er das Gefühl der Integrität verloren, das sich daraus ergibt, immer dieselbe Person zu sein, und das das Geheimnis seiner Stärke war. Wie bei einem etwas unscharfen Foto gäbe es dann zwei Bilder von ihm, gerade weit genug auseinander, um die Person nicht mehr deutlich zu sehen.

Mit dieser Einsicht wollen wir von den letzten Fragen des Predigers zu den Anfängen seiner Antwort übergehen. Der Prediger wandte sich der Religion zu, um ganz zu werden, um ein dauerhaft sinnvolles Leben führen zu können. Doch die Religion seiner Zeit konnte ihn nicht ganz machen, weil sie Gehorsam statt Authentizität verlangte. Sie konnte ihn „gut" im Sinne von gehorsam machen, aber das war nicht, wonach er suchte. Er brauchte von Gott mehr als das, und weil er die Suche danach nicht aufgeben wollte, wurde er schließlich fündig.

Kapitel 8

Iß dein Brot mit Freuden

Vielleicht erinnern Sie sich an die chassidische Geschichte, die ich in Kapitel 2 erzählte: Ein Mann, der sich im Wald verirrte, traf einen anderen Wanderer, der ihm sagte: „Ich habe mich auch verirrt. Aber wir können einander helfen: Wir zeigen uns gegenseitig die Wege, die sich als Sackgassen erwiesen haben. So werden wir den Ausgang leichter finden."

Dort haben wir angefangen. Wir begleiteten den Prediger auf fünf vielbegangenen Pfaden, die sich als Sackgassen erwiesen: auf dem Weg des Egoismus und Selbstinteresses, dem Weg des Verzichts auf alle physischen Freuden, dem Weg der Weisheit, dem Weg des Vermeidens aller Gefühle, um dem Schmerz zu entgehen, und dem Weg der Frömmigkeit und religiösen Hingabe. Der weise alte Mann, der das Buch des Predigers schrieb, begann mit dem Bericht über seine Enttäuschungen. Weder Reichtum noch Lernen noch Frömmigkeit gaben ihm die befriedigende Erkenntnis, daß sein Leben einen Sinn haben würde, weder zu seinen Lebzeiten noch darüber hinaus. Doch er schrieb sein Buch nicht nur, um seine

Frustration mit uns zu teilen. Und es wurde auch nicht deshalb in die Bibel aufgenommen, um uns davon zu überzeugen, daß das Leben tatsächlich sinnlos ist. Am Ende findet der Pediger eine Antwort, und er teilt sie uns mit diesen Worten mit:

„So gehe hin und iß dein Brot mit Freuden, trink deinen Wein mit gutem Mut; denn dein Werk gefällt Gott. Laß deine Kleider immer weiß sein und laß deinem Haupt Salbe nicht mangeln. Brauche das Leben mit deinem Weibe, das du liebhast, solange du das eitle Leben hast, das dir Gott unter der Sonne gegeben hat, solange dein eitel Leben währt; denn das ist dein Teil im Leben und in deiner Arbeit, die du tust unter der Sonne. Alles, was dir vorhanden kommt zu tun, das tue frisch; denn bei den Toten, dahin du fährst, ist weder Werk, Kunst, Vernunft noch Weisheit." (9:7–10)

Das ist eine eigenartige Antwort, wie man sie nicht von ihm erwartet hätte. Hat er aufgegeben? Hat er resigniert und sagt uns: „Iß, trinke und sei fröhlich, denn wer weiß, wie lange du leben wirst? Mach dir einen guten Tag, da ohnehin nichts dauert und nichts wichtig ist." Ich glaube nicht. „Iß dein Brot mit Freuden, trink deinen Wein mit gutem Mut" mag sich zwar anhören wie „iß, trink und sei fröhlich". Doch da der Prediger es sagt, vermute ich, daß etwas ganz anderes gemeint ist. Ich meine, er sagt etwas wie: Ich habe alle Beweise gesucht und bin zu dem Schluß gekommen, daß nichts dauert und es eigentlich im Leben auf nichts ankommt. Alles ist eitel. Menschen werden geboren und sterben wie Blumen oder Insekten, und mehr ist nicht daran. Die Beweise führen mich zu dem Schluß, daß das Leben keinen Sinn hat. *Aber da ist etwas in mir, was mir nicht erlaubt, diesen Schluß zu akzeptieren.* Meine Vernunft sagt mir, daß die Argumente für die Sinnlosigkeit des Lebens überwältigend sind: Ungerechtigkeit und Krankheit und Leid und plötzlicher Tod, Verbrecher, die ungestraft davonkommen, während gute

Menschen in Schande und Armut sterben. Meine Vernunft rät mir, die Suche nach Sinn aufzugeben, weil es keinen gibt. All meine Erfahrungen weisen in die gleiche Richtung. Doch etwas tief innen in mir überrollt meine Vernunft, schiebt die Beweise beiseite und beharrt darauf, daß ein menschliches Leben trotz allem etwas bedeuten muß. Und dieses Gefühl, sagt der Prediger, ist der Grund, warum ich ein Mensch bin und kein Tier.

Einer meiner Freunde versuchte mich einmal davon zu überzeugen, das Thema, warum Gott das Böse zuläßt, sei irrelevant, weil wir das Böse aus menschlicher Sicht definieren und nicht aus der Sicht Gottes. Er sagte zu mir: „Wenn Frösche theologische Bücher schreiben würden, dann würden sie fragen, warum ein allmächtiger, liebender Gott nicht mehr Sümpfe und mehr Moskitos geschaffen hat." Ich antwortete ihm: „Ja, aber du gehst am wesentlichsten Punkt vorbei. Frösche schreiben keine theologischen Bücher, aber Menschen tun es. Frösche fragen nicht nach dem Sinn des Lebens, aber Menschen tun es, weil es eine göttliche Dimension, ein Stückchen von Gottes Bild in jedem von uns gibt, das uns bewegt, Fragen zu stellen wie: Warum sind wir am Leben? Deshalb ist der Tod eines Kindes eine Tragödie, der Tod einer Kaulquappe dagegen nicht."

Wenn die Logik uns sagt, das Leben sei ein sinnloser Zufall, dann sagt der Prediger am Ende seiner Reise: Gib das Leben nicht auf! Gib die Logik auf! Höre die Stimme in dir, die dich veranlaßt hat, die Frage überhaupt zu stellen! Wenn die Logik dir sagt, daß es auf lange Sicht auf nichts ankommt, weil wir alle sterben und verschwinden, dann *lebe nicht auf lange Sicht*. Statt über die Tatsache nachzugrübeln, daß nichts dauert, akzeptiere dies als eine der Wahrheiten des Lebens und lerne, Sinn und Zweck im Vorübergehenden zu finden, in den Freuden, die vergehen. Lerne, den Augenblick auszukosten, selbst wenn er nicht für immer andauert. Lerne sogar, ihn auszukosten, *weil* er nur ein Moment ist und nicht dauern wird. Augenblicke unseres Lebens können ewig sein, ohne dauerhaft zu sein. Kannst du innehalten und die Augen schließen und dich an etwas erinnern, was vor vielen Jahren geschah und nur einen Augenblick dauerte? Vielleicht war es der Anblick einer grandiosen Landschaft oder ein Gespräch, das dir das Gefühl gab, geliebt und geschätzt zu werden. Zwar währte es überhaupt nicht sehr lange, aber es hat all diese Jahre überdauert und lebt fort. Das ist die einzige Art von Ewigkeit, die diese Welt uns zugesteht. Kannst du die Augen schließen und die Erinnerung an einen Menschen heraufbeschwören, der nun tot ist, dir aber einmal viel bedeutet hat? Kannst du seine Stimme hören und seine Berührung spüren? Das beweist, daß ein Mensch, indem er lernt, wie er leben soll, dem Tod ein Schnippchen schlagen und über die ihm zugeteilten Jahre hinaus leben kann.

Wenn wir aufhören, nach der Großen Antwort zu suchen, der Unsterblichen Tat, die unserem Leben dauerndem Sinn gibt, und uns statt dessen darauf konzentrieren, unsere Tage mit Augenblicken zu füllen, die uns befriedigen, dann werden wir die einzig mögliche Antwort auf die Frage finden, was es mit dem Leben auf sich hat. Es dreht sich nicht darum, Bücher zu schreiben, Reichtümer anzuhäufen, Macht zu erlangen. Es geht darum, zu lieben und geliebt zu werden. Es geht darum, unsere Nahrung zu genießen und in der Sonne zu sitzen, statt sie hastig zu verschlingen und wieder ins Büro zu eilen. Es geht darum, die Schönheit von Augenblicken auszukosten, die nicht dauern, die Sonnenuntergänge, die Blätter, die sich verfärben, die seltenen Momente wirklicher menschlicher Kommunikation. Es geht darum, sie auszukosten statt sie zu verpassen, weil wir so beschäftigt sind und sie nicht stillhalten, bis wir kommen, um uns ihnen zuzuwenden. Der Prediger verbrachte den größten Teil seines Lebens damit, nach der Großen Lösung zu suchen, der Großen Antwort auf die Große Frage, um nach vielen verschwendeten Jahren festzustellen, daß der Versuch, eine Große Antwort auf das Problem des Lebens zu finden, dasselbe ist, wie wenn man sich einmal richtig den Bauch vollschlagen wollte, um sich danach nie wieder über den Hunger Gedanken machen zu müssen. Es gibt keine Große Antwort, aber es gibt viele kleine Antworten: Liebe und die Freude an der Arbeit, die schlichten Freuden am Essen und an frischen Kleidern, die kleinen Dinge, die bei der Suche nach der Großen Lösung für das Problem des Lebens leicht untergehen und zertreten werden und die wie die sprichwörtliche blaue Blume des Glücks nur dann auftauchen, wenn wir aufgehört haben zu suchen. Wenn wir in das Stadium unseres Lebens kommen, in dem wir weniger leisten, aber mehr genießen können, dann haben auch wir die Weisheit erlangt, die der Prediger nach so vielen Irrwegen und Enttäuschungen schließlich fand.

Corita Kent, eine ehemalige Nonne, die Graphikerin geworden ist, sagt auf einem ihrer Posters: „Das Leben ist eine Reihe von Augenblicken/jeden einzelnen zu leben heißt erfolgreich sein." Wir mißverstehen, was es wirklich bedeutet zu leben, wenn wir denken, wir könnten das Problem des Lebens ein für alle Male lösen, indem wir Reichtum erwerben, eine Ausbildung erwerben, eine passende Ehefrau oder einen passenden Ehemann erwerben. Wir lösen das Problem des Lebens nie ein für alle Male. Wir können nur tagtäglich damit umgehen, uns ständig darum bemühen, jeden Tag sinnvoll zu füllen. Das ist letzten Endes die Einsicht des Predigers und sein Rat an uns. Unser Autor suchte vergebens nach dem Schlüssel zum Sinn des Lebens. Er versuchte alles, aber er konnte ihn nicht finden. Obwohl er oft scheiterte, konnte er sich nicht mit dem Schluß abfinden, das Leben sei sinnlos. Er sah und fühlte die Vergänglichkeit, die Ungerechtigkeit so vieler Dinge, die uns auf Erden zustoßen. Doch gleichzeitig spürte er, daß das Leben, wie verpfuscht und enttäuschend auch immer, zu geheiligt ist, zu voll von Möglichkeiten, um sinnlos zu sein, auch wenn er diesen Sinn nie finden konnte. Am Ende fand er ihn nicht in wenigen großen Taten, sondern in Tausenden von kleinen.

Ein Football-Star, der am Abend vor dem Super-Cup interviewt wurde, sagte: „Wenn dies das größte und allerwichtigste aller Spiele sein soll, wie kommt es dann, daß es nächstes Jahr wieder eines gibt?" Ähnlich könnten wir sagen: Wenn wir heute etwas fänden, was das Problem des Lebens dauerhaft und endgültig beantworten könnte, wozu brauchten wir dann ein Morgen? Wozu müßte Gott ein Morgen schaffen? Das Leben ist kein Problem, das einmal gelöst werden kann; es ist eine fortwährende Herausforderung, die Tag für Tag gelebt werden muß. Unsere Aufgabe ist nicht, die Antwort zu finden, sondern Wege, jeden einzelnen Tag mit einer menschlichen Erfahrung zu füllen.

Als die Kinder Israels Ägypten verließen, wollte Gott sie mit einem Wunder beeindrucken, das so spektakulär war, daß niemand, der es miterlebt hatte, je wieder an Seiner Macht oder Seiner Vorsehung zweifeln würde. Er ließ die Wasser des Roten Meeres auseinandertreten und die Israeliten sicher hindurchziehen, dann ließ er sie wieder zusammenfließen und die ägyptischen Verfolger ertrinken. Die Leute, die heil das Meer durchquert hatten, waren tief beeindruckt und sangen Gottes Lob, versicherten Ihn der immerwährenden Loyalität: „Der Herr wird König sein immer und ewig." Gottes Plan funktionierte – ungefähr achtundvierzig Stunden lang. Am dritten Tag nach der Durchquerung waren die Menschen erhitzt, müde und durstig. Sie beklagten sich bei Moses über den Mangel an Nahrung und Wasser und fragten sich, warum sie sich überhaupt darauf eingelassen hatten, Ägypten zu verlassen. Gott erkannte, daß kein noch so eindrucksvolles Wunder das Problem des Glaubens für mehr als einen oder zwei Tage lösen kann, ebensowenig wie das feinste Mahl das Problem des Hungers für sehr lange Zeit lösen kann. So wechselte Gott seine Taktik. Statt eines spektakulären Wunders pro Generation gab Er den Israeliten jeden Tag Wasser zu trinken, Manna zu essen und Schatten, in dem sie ruhen konnten. Während die Leute „ihr Brot mit Freuden" aßen, erlebten sie die Güte Gottes und die Fülle des Lebens in den alltäglichen, unspektakulären Wundern, die ihr Leben erträglich machten. Genauso wie uns ein tägliches halbstündiges Training in besserer Form hält als ein sechsstündiges Training einmal im Monat, bewirken ein paar kleine Erfahrungen sinnvollen Lebens jeden Tag mehr für unsere Seelen als eine einzelne, überwältigende religiöse Erfahrung.

Ich erinnere mich an ein Interview mit einer fünfundachtzigjährigen Frau aus dem Hügelland Kentuckys. Sie wurde gebeten, auf ihr Leben zurückzublicken und zu sagen, was sie daraus gelernt habe. Mit der gewissen Wehmut, die unweigerlich jede Aussage begleitet, die mit den Worten beginnt „Wenn ich es noch einmal machen müßte …", sagte sie: „Wenn ich mein Leben noch einmal leben könnte, würde ich beim nächsten Mal mehr Fehler machen. Ich würde mich entspannen. Ich würde alberner sein, ich würde weniger Dinge ernst nehmen … Ich würde mehr Eiskrem und weniger Bohnen essen. Ich hätte vielleicht mehr wirkliche Probleme, aber weniger eingebildete. Sehen Sie, ich bin einer von den Menschen, die Stunde um Stunde, Tag um Tag ernsthaft und gesund lebten. Ich war einer von denen, die nirgends ohne Thermometer, Wärmflasche und Schirm hinfuhren. Wenn ich es noch einmal machen könnte, würde ich mit leichterem Gepäck reisen."

„So gehe hin und iß dein Brot mit Freuden." „Mehr Eiskrem und weniger Bohnen." Weniger reich und weniger gebildet als der Autor der Predigten spürt die Frau aus

Kentucky wie er, daß sie zuviel von ihrem Leben damit verschwendet hat, den falschen Ratschlägen zu folgen, und möchte uns davor bewahren, denselben Fehler zu machen. Sie hat begriffen, wie leicht die Freuden des Lebens heute von der Sorge überschattet werden, was morgen geschehen könnte. Sie hat erfahren, wie Angst die Freude vertreiben kann, wie uns zu viele Befürchtungen verkrampft machen können. Sie hat aber auch gelernt, wie Lachen die Angst verjagen und uns befreien kann. Und sie möchte diese Erfahrungen an uns alle weitergeben.

„So gehe hin und iß dein Brot mit Freuden und trinke deinen Wein mit gutem Mut; denn dein Werk gefällt Gott." In einer Welt, in der nicht jeder große Taten vollbringen oder großen Erfolg erreichen wird, hat Gott uns die Fähigkeit gegeben, Größe im Alltag zu finden. Das Mittagessen kann ein hastiges Auftanken sein, gleichbedeutend mit dem Boxenstop eines Rennfahrers, es kann aber auch eine Gelegenheit sein, das Wunder auszukosten, daß Erde, Regen, Samen und menschliche Phantasie auf unsere Geschmacksknospen einwirken. Wir müssen nur weise genug sein, um das Wunder zu erkennen und nicht auf der Suche nach „etwas Wichtigem" blindlings daran vorbeizulaufen. Wir können über das heranwachsende Mädchen lächeln, das seinen neuen Freund anhimmelt. Sie denkt vielleicht, ihr sei die wundervollste Sache in der Geschichte der Menschheit zugestoßen, während wir wissen, daß es sich nur um einige Drüsen handelt, die planmäßig gereift sind, und daß sie sich in sechs Monaten vielleicht fragen wird, was sie an diesem Jungen gefunden hat. Und doch ist etwas Rührendes an der Fähigkeit, durch einen Brief, einen Aufruf oder ein Lächeln beglückt zu werden. Freude im Alltäglichen zu finden ist ein kostbares Geschenk. Das gute Leben, das wahrhaft menschliche Leben basiert nicht auf ein paar großen Augenblicken, sondern auf vielen, vielen kleinen.

Es verlangt von uns, daß wir uns bei unserer Suche lange genug entspannen, damit sich solche Augenblicke zu etwas summieren können.

Ein Rabbiner fragte einmal ein prominentes Mitglied seiner Gemeinde: „Immer, wenn ich Sie sehe, sind Sie in Eile. Sagen Sie mir, wohin laufen Sie eigentlich die ganze Zeit?" Der Mann antwortete: „Ich laufe dem Erfolg nach, ich laufe der Erfüllung nach, ich laufe der Belohnung für all meine harte Arbeit nach." Der Rabbi antwortete: „Das ist eine gute Antwort, wenn Sie annehmen, all diese Segnungen seien irgendwo vor Ihnen und wollten Ihnen davonlaufen, und wenn Sie schnell genug liefen, könnten Sie sie vielleicht einholen. Aber ist es nicht möglich, daß sie sich hinter Ihnen befinden, daß sie nach Ihnen suchen, und je mehr Sie rennen, desto schwerer machen Sie es ihnen, Sie zu finden?"

Ist es nicht tatsächlich möglich, daß Gott alle Arten von wundervollen Gaben für uns hat – gute Speisen und schöne Sonnenuntergänge, Blütenknospen im Frühling, bunte Blätter im Herbst und stille Momente der Gemeinsamkeit –, aber wir in unserer Jagd nach Glück sind so viel unterwegs, daß Er uns nicht zu Hause antreffen kann, um sie abzuliefern?

Der Rat des Predigers, im Leben nach vielen kleinen Antworten statt nach der einen Großen Antwort zu suchen, weist uns auch auf eine weitere Quelle möglicher Erfüllung hin, unsere Arbeit. „Alles, was du zu tun hast, das tue mit aller Kraft." Arbeite fleißig, nicht nur, weil es dir Lohn und Beförderung einbringt, sondern auch, weil es dir das Gefühl geben wird, ein kompetenter Mensch zu sein. Den Seelen von Menschen, die sich nicht mehr um die Qualität ihrer Arbeit kümmern, droht eine Art von Zerstörung, die immer weiter fortschreitet.

Einige Berufe können schlecht ausgeübt werden, ohne daß es jemandem schadet. Aber keiner von uns kann sich den inneren, geistigen Preis leisten, den schlampiges

Arbeiten kostet: uns selbst und unsere Fertigkeiten zu verachten.

Wenn wir unsere neu erworbene Begeisterung für die Freude nicht nur auf unsere Mußestunden und unsere Freizeit übertragen, sondern auch auf unsere Arbeit, dann haben wir einen weiteren wichtigen Bereich erschlossen, um unserer Zeit Fülle und Sinn zu geben.

Der Romanschriftsteller Wallace Stegner schrieb, vom Garten Eden, wo Adam und Eva mit harter Arbeit bestraft wurden, dazu verdammt, für ihren Ungehorsam ihr Brot im Schweiße ihres Angesichts zu essen, bis zu den Toren von Auschwitz, die die Inschrift *Arbeit macht frei* trugen, habe die Arbeit eine schlechte Presse gehabt. Aber er fährt fort: „Mehr Menschen, als es wahrscheinlich zugeben, finden in der Arbeit das Gerüst, das ihrem Leben Halt gibt."

Freud bezeichnete Liebe und Arbeit als die zwei Dinge, die gut zu tun ein reifer Mensch in der Lage sein muß. Wir arbeiten, weil wir das Geld brauchen. Aber wir arbeiten auch aus anderen Gründen. Wie oft haben Sie gelesen, daß ein Briefträger, ein Fernfahrer oder eine Sekretärin im Lotto gewonnen und Millionäre geworden sind, aber weiterhin um sechs Uhr früh aufstehen, um zur Arbeit zu gehen, weil die Arbeit das ist, was sie tun und was sie sind. Wenn wir gefragt werden: „Was tun Sie?", dann antworten wir stets im Hinblick auf unsere Arbeit, nicht auf unsere Hobbys oder unsere sonstigen Verpflichtungen.

Ich arbeite, weil ich eine Familie zu ernähren und Rechnungen zu bezahlen habe. Aber ich arbeite auch, weil mich die Arbeit mit Menschen in Berührung bringt und mir hilft, mich selbst als kompetenten Mann zu betrachten, der seinen Beitrag leistet. Es hat in meinem beruflichen Leben als Geistlicher nur zu oft Zeiten gegeben, in denen ich im Verlauf von vierundzwanzig Stunden am Sonntagnachmittag das Eröffnungsgebet bei einem Seniorentreffen halte, Sonntag abend eine Trauung vollziehe, Montag früh meine Mitarbeiter treffe oder an einer beruflichen Besprechung teilnehme, Montag mittag bei der Beerdigung einer jungen Frau und Mutter amtiere, die an Krebs gestorben ist, und anschließend einen großen Teil des Nachmittags mit der hinterbliebenen Familie verbringe. Das Begräbnis ist die bei weitem unangenehmste alle dieser Tätigkeiten und diejenige, bei der ich mich am unzulänglichsten fühle. Und doch habe ich ein merkwürdig gutes Gefühl bei einer Beerdigung. Jahrelang konnte ich dieses Gefühl nicht verstehen. Ich dachte, ich hätte etwas Perverses an mir, das sich in solchen Augenblicken freut. Doch heute verstehe ich es. Bei solchen Anlässen fühle ich mich engagiert. Ich weiß, daß ich nicht bloß anwesend bin, sondern daß meine Anwesenheit von Bedeutung ist. Ich amtiere nicht gern bei Beerdigungen junger Menschen, und ich würde vorziehen, das weniger oft zu tun, aber es hat etwas Befriedigendes, zu etwas Schwerem herausgefordert zu sein und es dann zu tun. Ich denke, das muß der Prediger im Sinn gehabt haben, als er uns sinngemäß sagte: „Auch wenn du keinen Nobelpreis für deine Arbeit bekommen wirst und sie dich nicht reich und berühmt machen wird, kann sie deinem Leben dennoch Sinn geben, wenn du sie ernst nimmst und nach besten Kräften tust.“

Wenn wir Glück haben, finden wir uns an einen Platz im Leben gestellt, an dem wir aus unserer Arbeit Lust gewinnen können. Einige von uns werden früh im Leben gewußt haben, worauf sie ihre Energien konzentrieren wollen, und sie werden es geschafft haben. Arzt, Anwalt, Lehrer zu sein ist so befriedigend, wie wir es uns erträumt haben. Einige von uns werden sich, wenn sie Glück haben, in der Lebensmitte vor einer neuen Laufbahn sehen, die uns das flüchtige Gefühl der Freude gibt: die Frau, die studiert hat und deren Kinder nun alt genug sind, so daß sie das tun kann, was sie schon immer gut zu tun können glaubte; der mittlere Manager, der den

Traum von Reichtum und Macht aufgegeben, seine Aktien verkaufen und seinen Lebensunterhalt mit der Gartenarbeit verdienen kann, die schon jahrelang sein Hobby war; der Buchhalter, der ein Restaurant eröffnet und glücklicher ist als früher, auch wenn er jetzt als sein eigener Chef in der Morgendämmerung aufstehen muß, während er früher erst um neun Uhr im Büro sein mußte. Doch die meisten von uns erscheinen weiterhin tagtäglich am gleichen Arbeitsplatz, Jahr um Jahr. Der Schlüssel zu unserem Glück, zu unserer Fähigkeit, Freude an der Arbeit zu haben, ist das Gefühl, daß wir unsere Fähigkeiten einsetzen und nicht verschwenden und daß wir um ihretwillen geschätzt werden. „Was immer du tun kannst, tue es nach besten Kräften."

Es ist schrecklich frustrierend, wenn man weiß, daß man etwas kann, aber nicht aufgefordert wird, es zu tun, oder wenn man glaubt, man könne es, und nie Gelegenheit hat, das herauszufinden. So nimmt der Rennläufer zwei Jahre Urlaub von seiner Arbeit, um für die Olympiade zu trainieren, nicht weil das ökonomisch sinnvoll wäre, sondern weil er sich herausgefordert fühlt, gegen die Besten der Welt zu bestehen. Der Fabrikarbeiter, der auf einen Büroposten versetzt wurde, zieht seine Jacke aus und repariert eine kaputte Maschine, weil er stolz auf die Tatsache ist, daß er dazu imstande ist, und nicht mit ansehen kann, wie weniger geschickte Leute pfuschen. Der Berufssportler, der einen lukrativen Vertrag hat, aber auf der Reservebank sitzt, beweist ebenso wie die überflüssige Arbeiterin, die weiß, daß sie bezahlt wird, obwohl es keine Arbeit für sie gibt, daß wir nicht nur für Geld arbeiten, sondern auch, damit unsere Tage einen Sinn haben.

Ich möchte darauf hinweisen, daß „nach besten Kräften" sich nicht nur auf Arbeiten bezieht, für die wir bezahlt werden. Vieles tun wir auf freiwilliger Basis, weil wir dieses Gefühl brauchen, das unser Job von neun bis fünf uns vielleicht nicht gibt, nämlich, daß wir unsere Fähigkeiten benutzen, daß es auf uns ankommt, daß wir geschätzt werden. So trainiert der Fließbandarbeiter eine kleine Lokalmannschaft und erfährt die Befriedigung des Lehrens, Beratens und Entscheidens. Die Sekretärin singt im Kirchenchor oder bedient ehrenamtlich ein Notruftelefon, wo sie das Gefühl hat, daß Menschen sie brauchen. Meine Synagoge bietet wie andere Synagogen, Logen und Bürgervereinigungen im ganzen Land Freiwilligen Gelegenheit, Programme zu planen, Komitees zu bilden, Spendenversammlungen zu organisieren, öffentlich zu sprechen und etwas für Organisationen zu tun, die ihnen am Herzen liegen, und dabei gleichzeitig das Gefühl zu haben, ihre verborgenen Talente nutzbringend anzuwenden.

Manchmal müssen wir im Leben weniger werden, um mehr zu sein. Wir werden zu ganzen Menschen nicht aufgrund dessen, was wir anhäufen, sondern indem wir das ablegen, was nicht wirklich wir sind, alles, was falsch und unecht ist. Manchmal müssen wir, um ganz zu werden, den Großen Traum aufgeben.

Der Große Traum ist die Vision, die wir hatten, als wir jung waren – vielleicht eingepflanzt von Eltern oder Lehrern, vielleicht unserer eigenen Vorstellungswelt entsprungen –, wir würden einmal jemand wirklich Besonderer sein. Wir träumten, unser Name würde berühmt, unsere Arbeit anerkannt, unsere Ehe perfekt und unsere Kinder beispielhaft. Wenn es nicht so kommt, fühlen wir uns wie Versager. Wir werden nie glücklich sein, solange wir nicht aufhören, das, was wir wirklich erreicht haben, an diesem Traum zu messen. Wir werden uns nie in unserer Haut wohl fühlen, solange wir nicht erkennen, daß das, was wir sind, genug ist. Wenn es uns gelungen ist, wahrhaft menschlich zu werden, unser Brot mit Freuden zu essen und uns mit Menschen, die wir lieben, am Leben zu erfreuen, dann brauchen wir nicht reich und berühmt zu werden. Wahrhaft menschlich zu sein ist eine viel eindrucksvollere Leistung. In seinem Buch *Seasons of a Man's Life* (Jahreszeiten eines Menschenlebens) sieht Dr. Daniel Levinson das mittlere Erwachsenenalter als Gelegenheit, auf die „Tyrannei des Traumes" zu verzichten und realistischer zu werden. Er schreibt: „Wenn ein Mensch nicht länger meint, er müsse bemerkenswert sein, dann ist er freier, er selbst zu sein und entsprechend seinen eigenen Wünschen und Begabungen zu arbeiten."

An einer Stelle sagen die Weisen des Talmud etwas Bemerkenswertes. Sie sagen: „Eine Stunde auf dieser Welt ist besser als die ganze Ewigkeit in der zukünftigen Welt." Was meinen sie damit? Ich deute diesen Absatz so, daß wir dann, wenn wir wirklich zu leben gelernt haben, nicht nach Belohnungen in irgendeinem anderen Leben Ausschau zu halten brauchen. Wir fragen nicht, wozu man ein gerechtes Leben führen soll. Menschlich leben wird seine Belohnung in sich tragen. Der Mensch, der die Freuden wirklich menschlichen Lebens entdeckt hat, der Mensch, dessen Leben reich an Freundschaften und liebevollen Menschen ist, der Mensch, der täglich die Freuden des guten Essens und des Sonnenscheins genießt, braucht sich nicht in dem Streben nach irgendeiner anderen Art von Erfolg zu verschleißen. Kein Lob und keine Beförderung, kein schickes Auto und kein hoher Titel könnten jemals dem Glück gleichkommen, daß er bereits kennt.

Es gibt da die Story aus einer Fabrik, die Probleme mit Diebstählen durch Werksangehörige hatte. Jeden Tag wurden wertvolle Gegenstände gestohlen. Man verpflichtete also eine Sicherheitsfirma, die jeden Angestellten abends beim Verlassen der Firma durchsuchen sollte. Die meisten leerten bereitwillig ihre Taschen aus und ließen die Dosen durchsuchen, in denen sie ihr Mittagessen mitbrachten. Ein Mann jedoch ging jeden Abend mit einem Schubkarren voller Abfall durch das Tor, und der verzweifelte Wächter hatte, wenn alle anderen auf dem Heimweg waren, eine halbe Stunde damit zu tun, zwischen den Butterbrotpapieren, Zigarettenkippen und Plastikbechern nachzusehen, ob etwas Wertvolles herausgeschmugelt wurde. Nie fand er etwas. Eines Tages konnte er es schließlich nicht mehr aushalten. Er sagte zu dem Mann: „Sehen Sie, ich weiß, daß Sie etwas im Schilde führen, aber jeden Tag durchsuche ich sämtliche Abfälle in Ihrem Schubkarren und finde nie etwas, was es wert ist, gestohlen zu werden. Es macht mich verrückt. Sagen Sie mir, worauf Sie aus sind, und ich verspreche Ihnen, daß ich Sie nicht melden werde." Der Mann zuckte die Achseln und antwortete: „Ganz einfach. Ich stehle Schubkarren."

Wir mißverstehen völlig, was es bedeutet, zu leben, wenn wir unser Leben als Zeit betrachten, die wir benutzen können, um nach Belohnungen und Vergnügungen zu suchen. Hektisch und mit wachsender Enttäuschung suchen wir so unsere Tage, unsere Jahre hindurch, halten Ausschau nach der Belohnung, dem Erfolg, die unser Leben der Mühe wert machen werden, wie der Wächter, der die Abfälle im Schubkarren nach etwas Wertvollem durchsucht und die ganze Zeit das Offenkundige übersieht.

Wenn man gelernt hat zu leben, dann ist das Leben selbst die Belohnung.

Kapitel 9

Warum ich keine Angst vor dem Sterben habe

Einer meiner Freunde, ein Geistlicher, den ich bewundere, kam einmal mit einem Problem zu mir. Ein Mitglied seiner Gemeinde, ein zweiundvierzigjähriger Arzt, lag mit einem inoperablen Gehirntumor in einem Krankenhaus. Mein Freund sagte zu mir: „Ich weiß nicht, warum, aber ich kann mich einfach nicht überwinden, ihn zu besuchen. Ich mag ihn, mir liegt an ihm, ich weiß, wie viel meine Besuche ihm bedeuten, aber dauernd finde ich Gründe, nicht zu ihm zu gehen, und das beunruhigt mich." Ich antwortete ihm: „Ich glaube, ich verstehe, warum du das tust. Ich vermute, daß du in ihm zuviel von dir selbst siehst. Ihn krank und sterbend zu sehen, macht dir Angst, daß in einem Jahr du in seiner Situation sein könntest, und das kannst du nicht bewältigen. Ich nehme an, daß du dich vor dem Sterben fürchtest – das ist nichts, dessen du dich schämen müßtest; viele Menschen tun es –, und deshalb kannst du es so schwer ertragen, jemanden in deinem eigenen Alter sterben zu sehen."

„Wie überwindest du die Angst vor dem Sterben?" fragte er mich. Ich sagte ihm, ich sei noch nicht bereit zu sterben und hoffte, noch viele Jahre zu leben, hätte jedoch keine Angst vor dem Sterben, weil ich mit dem zufrieden sei, was ich mit meinem Leben gemacht habe. Ich hätte das Gefühl, es nicht verschwendet zu haben, es integer gelebt, mein Bestes getan und einen Einfluß auf Menschen ausgeübt zu haben, der mich überdauern würde. Ich wies ihn darauf hin, daß er sicherlich dasselbe von sich sagen könne, über sein Leben und seine Arbeit. Erst wenn Sie keine Angst mehr vor dem Sterben haben, können Sie sagen, daß Sie wirklich lebendig sind.

Ich glaube, es ist nicht das Sterben, vor dem die Leute sich fürchten. Etwas anderes, bestürzender und tragischer als das Sterben, erschreckt uns. Wir haben Angst, nie gelebt zu haben, am Ende unserer Tage in dem Gefühl sterben zu müssen, nie wirklich lebendig gewesen zu sein, nie herausgefunden zu haben, wozu das Leben eigentlich gut war.

Von allen Ängsten, die uns quälen, von der Angst vor der Dunkelheit, wenn wir klein sind, bis zur Angst vor Schlangen oder Abgründen gibt es nichts, das mit der Angst vergleichbar ist, unser Leben verschwendet zu haben, ohne etwas dafür aufweisen zu können. Ich habe vielen Menschen am Ende ihres Lebens beigestanden. Die meisten hätten gern länger gelebt, wenn es möglich gewesen wäre. Sie wollten ihre Lieben nicht verlassen. Aber sie hatten keine Angst vor dem Tod, weil sie wußten, daß sie Zeit zum Leben gehabt und diese Zeit gut genutzt hatten.

Die wirklich einzigen mir bekannten Menschen, die Angst vor dem Sterben hatten, waren Menschen, die dachten, sie hätten ihr Leben verschwendet. Sie beteten darum, Gott möge ihnen noch ein paar Jahre geben, und sie wollten sie weiser verwenden als all die Jahre zuvor. Ich kann mir keine furchterregendere Strafe für ein verschwendetes Leben vorstellen als diese, und keine befriedigendere Belohnung für ein gut gelebtes Leben als das

Gefühl, daß man die Herausforderung akzeptierte, menschlich zu sein, und ihr gewachsen war.

Es gibt eine Geschichte von einem Mann, der nach einem durch und durch egoistischen, unmoralischen Leben starb. Einen Augenblick später fand er sich in einer Welt voll hellen Sonnenscheins, leiser Musik und weißgekleideter Gestalten wieder. „Junge, Junge, das hätte ich nicht erwartet", sagte er sich. „Wahrscheinlich hat Gott ein weiches Herz für einen schlauen Halunken wie mich." Er wandte sich an eine der Gestalten in weißem Gewand und sagte: „Kumpel, ich habe Grund zu feiern. Kann ich Ihnen einen Drink spendieren?" Die Gestalt antwortete: „Wenn Sie alkoholische Getränke meinen, die gibt es hier nicht." „Kein Schnaps, was? Na ja, wie wär's dann mit einem Kartenspielchen? Pinokel, Poker, was Sie wollen." „Tut mir leid, aber wir spielen hier auch nicht." „Was machen Sie denn dann den ganzen Tag?" fragte der Mann. „Wir lesen Psalmen. Jeden Morgen gibt es eine Bibelstunde und nachmittags einen Gebetskreis." „Psalmen! Den ganzen Tag die Bibel? Junge, Junge, ich sage Ihnen was – mit dem Himmel ist wirklich nicht viel los!" Da lächelte die Gestalt in Weiß und sagte: „Ich sehe, daß Sie nichts verstehen. Wir sind im Himmel; Sie sind in der Hölle."

Der Himmel, so sagt die Geschichte, besteht darin, daß man gelernt hat, die Dinge zu tun und zu genießen, die uns menschlich machen, Dinge, die nur Menschen tun können. Die schlimmste Art von Hölle, die ich mir vorstellen kann, besteht im Gegensatz dazu nicht aus Feuer und Schwefel und kleinen roten Gestalten mit Mistgabeln. Die schlimmste Hölle ist die Erkenntnis, man hätte ein wirkliches menschliches Wesen, ein wahrer Mensch sein können, aber nun ist es zu spät. Wir hätten die Befriedigung kennen können, uns um einen anderen Menschen zu kümmern, großzügig und aufrichtig und loyal zu sein, unseren Geist und unser Herz zu entwickeln, unsere

Triebe zu beherrschen, statt uns von ihnen beherrschen zu lassen, aber wir haben es nie getan.

„Wer wird auf des Herrn Berg gehen, und wer wird stehen an seiner heiligen Stätte? Der unschuldige Hände hat und reinen Herzens ist." (Psalm 24:3–4) „Auf des Herrn Berg gehen" bedeutet nicht unbedingt, in den Himmel zu kommen, nachdem man gestorben ist. Es bezieht sich auch nicht notwendigerweise darauf, in die Kirche oder Synagoge zu gehen (wenn auch der ursprüngliche Bezug des Psalms wahrscheinlich der Besuch des Tempels von Jerusalem war). „Auf des Herrn Berg gehen" kann bedeuten, in diesem Leben zu voller Menschlichkeit heranzuwachsen, unsere Jahre gut zu nutzen, mit „unschuldigen Händen und reinen Herzens" zu leben, so daß wir auch zu Lebzeiten das Gefühl haben, „an seiner heiligen Stätte" zu stehen. Dann hat sogar das Wissen um den Tod seinen Schrecken für uns verloren.

Vor vielen Jahren sah ich in einem Fernsehfilm eine Szene, die ich nicht vergessen kann. Ein junger Mann und eine junge Frau stehen an der Reling eines Ozeandampfers. Sie hatten soeben geheiratet, und diese Kreuzfahrt ist ihre Hochzeitsreise. Sie sprechen darüber, wie über alle Erwartungen beglückend ihre Liebe und Heirat für sie gewesen seien. Der junge Mann sagt: „Und wenn ich morgen sterben müßte, ich hätte das Gefühl, daß mein Leben erfüllt war, weil ich deine Liebe gekannt habe." Die junge Frau sagt: „Ja, mir geht es genauso." Sie küssen sich und entfernen sich von der Reling, und nun kann der Zuschauer auf einem Rettungsring den Namen des Schiffes lesen: TITANIC.

Wenn die Menschen in biblischer Zeit etwa genauso alt würden wie wir heute (und es gibt Grund für diese Annahme: Im neunzigsten Psalm heißt es, der Mensch würde im Durchschnitt etwa siebzig Jahre alt, „und wenn's hoch kommt, so sind's achtzig Jahre"), dann kann ich mir den Prediger als einen Mann Mitte bis Ende vierzig vorstellen, vielleicht nahe an fünfzig. Er steht etwa am gleichen Punkt seines Lebens wie ich. Nun beginnt er zu fürchten, daß ihm die Zeit ausgeht. Die Jahre, die noch vor ihm liegen, sind mit ziemlicher Sicherheit weniger als die, die er bereits hinter sich hat. Und noch immer ist er sich nicht sicher, sein Leben sinnvoll geführt zu haben. Vielleicht blickt er bedauernd auf vergeudete Zeit und vertane Gelegenheiten zurück.

Ich bezeichne das manchmal als „Instant-Kaffee"-Theorie des Lebens. Wenn wir ein Glas Pulverkaffee öffnen, entnehmen wir großzügig gehäufte Löffel, weil wir ja schließlich ein volles Glas vor uns haben und davon immer nur relativ wenig verbrauchen. Wenn wir uns aber allmählich dem Boden des Glases nähern, merken wir, daß nicht mehr viel übrig ist, und wir messen die Portionen, die wir entnehmen, sorgfältiger ab. Auch die letzten Krümel holen wir aus den Ecken.

Ich glaube, daß wir die Tendenz haben, mit der Zeit ähnlich umzugehen. Junge Menschen meinen, sie lebten ewig. Sie nehmen an, sie hätten alle Zeit der Welt. Sie können es sich leisten, ihre Zeit in Aktivitäten zu „investieren", die erst weit in der Zukunft Dividenden einbringen. Sie nehmen Anfängerstellungen und niedrig bezahlte Lehrstellen an, um in der Arbeitswelt Fuß zu fassen. Sie geben sich möglichst nur mit Freunden oder Freundinnen ab, die noch nicht heiraten wollen, weil sie erst die Fähigkeit zu einer Beziehung entwickeln möchten.

Doch wenn wir älter werden, das Kaffeeglas also schon halb leer ist, gehen wir nicht mehr so lässig mit unserer Zeit um, weil wir wissen, daß sie nicht ewig dauern wird. Wir stellen nicht mehr die Fragen der Jungen: Wie hoch werde ich steigen? Wie weit werde ich kommen? Wir hören auf, nur noch an Erfolg zu denken und beginnen, die Fragen zu stellen, die den Autor der Predigten beschäftigten: „Was werde ich geleistet haben? Habe ich etwas Bleibendes bewirkt? Was wird von mir übrigbleiben, wenn meine Zeit um ist?"

Es ist ein Zeichen von Reife, wenn wir nicht mehr fragen: Was hält das Leben für mich bereit?, sondern statt dessen zu fragen beginnen: Was mache ich mit meinem Leben?

Hier einige Beispiele, die das verdeutlichen sollen:

Als ich fünfundvierzig wurde, schränkte ich das Predigen und Unterrichten ein und begann, Bücher zu schreiben, um meine Gedanken den Menschen auch nahezubringen, ohne selbst bei ihnen sein zu müssen. Bis dahin hatte ich mich auf das gesprochene Wort beschränkt, aber Worte vergehen so schnell, wie man sie ausspricht. Ohne es zu merken, hatte ich das Bedürfnis, mich mittels eines dauerhaften Mediums zu äußern. Ein Freund von mir, ein Tankstellenbesitzer, änderte mit Anfang vierzig den Namen seiner Tankstelle von „Maple Street Garage" in „Al Jone's Garage" um. Ählich wie ich reagierte er auf die Krise in der Lebensmitte damit, daß er der Firma seinen Namen gab und man ihn in großen Lettern lesen und nicht nur als gesprochenes Wort hören konnte.

Im Januar 1984 kündigte Senator Paul Tsongas aus meinem Heimatstaat Massachusetts an, er werde sich aus dem Senat zurückziehen und sich nicht mehr zur Wiederwahl stellen. Tsongas galt als ein aufgehender Stern, Favorit für die Wiederwahl. Häufig wurde er als möglicher Kandidat für die Vizepräsidentschaft oder sogar die Präsidentschaft genannt. Ein paar Wochen vor seiner Ankündigung hatte er erfahren, daß er an einer Form vom Lymphdrüsenkrebs litt, die zwar nicht geheilt, wohl aber behandelt werden konnte und seine physischen Fähigkeiten oder seine Lebenserwartung wahrscheinlich nicht beeinträchtigen würde. Die Krankheit zwang Paul Tsongas also nicht, den Senat zu verlassen, aber sie zwang ihn, sich der Tatsache zu stellen, daß er nicht für alle Zeit da sein würde. Er würde nicht alles tun können, was er tun wollte. Welche Dinge wünschte er sich in der begrenzten Zeit, die ihm noch blieb, am meisten? Viele von uns weichen dieser Frage aus. Paul Tsongas mußte sich ihr nach der Diagnose seines Arztes stellen. Er kam zu der Entscheidung, daß das, was er sich am meisten im Leben wünschte – wenn er schon nicht alles haben konnte –, das Zusammensein mit seiner Familie war. Er wollte seine Kinder heranwachsen sehen. Das war ihm wichtiger, als die Gesetze des Landes mitzugestalten oder seinen Namen eventuell einmal in den Geschichtsbüchern zu sehen. Wenn er irgendeine Art von Unsterblichkeit, irgendeine Art von Leben über seine Erdenjahre hinaus haben wollte, das erkannte er, dann würde das darin wurzeln und nicht in seinen Leistungen bei der Gesetzgebung.

Nachdem er seinen Entschluß bekanntgegeben hatte, gratulierte ihm ein Freund brieflich dazu, daß er seine Prioritäten gesetzt hatte, und fügte hinzu: „Niemand hat auf seinem Sterbebett je gesagt: ‚Ich wünschte, ich hätte mehr Zeit für meine Geschäfte aufgewandt.'" Der Prediger, der dieselbe Angst hatte, er werde nicht für alles genug Zeit haben, hatte das natürlich als erster gesagt: „So gehe hin und iß dein Brot mit Freuden, trink deinen Wein mit gutem Mut ... Genieße das Leben mit deinem Weibe, das du liebhast, solange du das eitle Leben hast, das dir Gott unter der Sonne gegeben hat ..." Paul Tsongas war dreiundvierzig Jahre alt, als er seine Entscheidung traf.

Wenn ich mich vor dem Sterben fürchten würde, weil ich den Statistiken entnehme, daß mein Leben durchaus bereits zu zwei Dritteln vorüber sein könnte, und weil ich etliche Leute meines Alters plötzlich habe sterben sehen, dann müßte ich die Jahre, die mir verbleiben, in Furcht und Ängsten zubringen. Wie der Autor des dreiundzwanzigsten Psalms schon vor vielen Jahren begriff, bewahrt uns Gott nicht vor dem Tod. Wir alle werden eines Tages sterben. Aber Er bewahrt uns vor dem *Schatten des Todes,* davor, daß unser Leben von der Todesfurcht gelähmt wird. Er hilft uns, den Tod zu hindern, seinen Schatten schon über die Jahre zu werfen, die wir noch zu leben haben.

Der Philosoph Horace Kallen schrieb an seinem dreiundsiebzigsten Geburtstag: „Es gibt Menschen, die ihr Leben aufgrund der Todesfurcht gestalten, und es gibt Menschen, die ihr Leben aufgrund der Freude und der Zufriedenheit am Leben gestalten. Erstere leben sterbend; letztere sterben lebend. Ich weiß, daß das Schicksal mich morgen treffen kann, doch der Tod ist ein irrelevanter Zufall. Wann immer er kommt, ich habe die Absicht, lebend zu sterben."

Ich habe keine Angst vor dem Tod, weil ich fühle, daß ich gelebt habe. Ich habe geliebt und bin geliebt worden. Ich bin in meinem persönlichen und beruflichen Leben herausgefordert worden und habe diese Herausforderungen zwar nicht perfekt, aber immerhin annehmbar und vielleicht sogar ein bißchen besser bestanden. Ich habe meine Spur in Menschen hinterlassen und einen Punkt im Leben erreicht, an dem ich nicht mehr das Bedürfnis habe, weiter meine Spur in Menschen zu hinterlassen. Ich kann mich auf den letzten Akt meines Lebens freuen, wie lang oder kurz er auch immer sein mag. Ich weiß, daß ich endlich herausgefunden habe, wer ich bin und wie ich mit dem Leben umgehen soll. Ich gehe furchtlos durch das finstere Tal, nicht nur, weil Gott mit mir ist, sondern weil Er mich zu diesem Punkt geführt hat. Den Tod kann man nicht verhindern. Das Heilmittel gegen Todesfurcht jedoch ist die Gewißheit, daß man gelebt hat.

Im vorigen Kapitel sahen wir den Prediger zu dem gleichen Schluß kommen wie Senator Tsongas. Ein sinnvolles Leben wird nicht durch wenige große, unsterbliche Taten erreicht, sondern durch eine Menge kleiner. Es kommt nicht darauf an, sich durch irgendeine übermenschliche

Anstrengung über den Alltag zu erheben. Es kommt darauf an, etwas wahrhaft Menschliches an jedem Tag unseres Lebens zu tun. Wenn Sie erkennen, daß Sie nicht für alles und jedes Zeit haben, wenn der Versuch, alles in einen Vierundzwanzigstundentag zu zwängen, Sie ermüdet, wenn die Dinge, die Sie tun, nur halb getan werden, und die Menschen, mit denen Sie das Leben teilen, das Gefühl haben, Sie hielten nie lange genug still, um erkannt zu werden, was sind dann die Elemente Ihres Lebens, über die Sie nicht mit sich handeln lassen? Was gibt Ihnen das absolute Gefühl, ihr Leben gelebt und nicht vergeudet zu haben? Bei unserer Untersuchung des Predigers und unseres eigenen Lebens haben wir drei Dinge herausgefunden:

Die Nähe anderer Menschen suchen.

Schmerz als Teil unseres Lebens akzeptieren.

Wissen, daß wir etwas Bleibendes bewirkt haben.

Wir brauchen die intime Zugehörigkeit zu ein paar Menschen, die dauerhafte Elemente in unserem Leben sind. Viele zufällige Bekannte, mit denen man über Sport oder Kochrezepte redet, sind dafür kein Ersatz. Ebenso wie „ein Schimpanse kein Schimpanse" ist, kann ein menschliches Wesen nicht vollständig und wahrhaft menschlich sein ohne beständige Beziehungen zu ein paar anderen Menschen. Und das müssen Menschen sein, mit denen wir unser ganzes Leben teilen, nicht nur einen Teil unserer Zeit oder unserer selbst.

Das ist vermutlich auch der Grund, warum Frauen das Trauma von Scheidung oder Witwenschaft häufig besser überstehen als Männer. Frauen haben einen Hang zu engen Freundschaften mit Menschen, denen sie ihr ganzes Selbst anvertrauen. Männer haben eher Bekannte, Geschäftsfreunde, Leute, mit denen sie Bowling spielen oder gemeinsam zur Arbeit fahren, aber das sind Menschen, mit denen sie nur einen Teil ihrer selbst teilen, nicht ihr ganzes Selbst.

142

Als mein voriges Buch zum Bestseller wurde, hatte ich die Möglichkeit, das Rabbinat aufzugeben und nur noch Schriftsteller zu sein und Vorträge zu halten. Das eröffnete die Aussicht auf Ruhm, Reisen und mehr Geld für eine weniger anspruchsvolle Arbeit. Ich entschied mich aber dafür, in meiner Gemeinde zu bleiben, teilweise deshalb, weil ich eben ein Rabbiner bin, größtenteils aber deshalb, weil ich intuitiv erkannte, daß ich auf einer dauerhaften Basis dieselben Menschen in meinem Leben brauche. Als Vortragsreisender hätte ich eine Menge Leute kennengelernt, die ich nie wiedersehen würde. Ich hätte meine Rede gehalten, ihren Applaus in Empfang genommen und die Stadt verlassen. Falls ich ein wirkungsvoller Redner bin, sage ich vielleicht etwas, was sie behalten und im Laufe der Jahre hilfreich finden. Doch zu keinem von ihnen hätte ich eine enge, beständige Beziehung. Als Rabbiner einer Gemeinde traue ich junge Frauen, die ich von Geburt an habe aufwachsen sehen. Ich berate Familien, die ich seit Jahren kenne und mit denen ich zahllose frohe und traurige Augenblicke geteilt habe. Ebenso wie unser Körper ein Bedürfnis nach Luft und Nahrung hat, hat unsere Seele das Bedürfnis nach Gemeinschaft mit anderen Menschen, nicht danach, dauernd von Fremden umgeben zu sein. Wie einer meiner Lehrer zu sagen pflegte: „Wir schätzen nicht das, was wir empfangen, sondern das, was wir teilen."

Einer der denkwürdigsten Essays der letzten Jahre auf dem Gebiet der Soziologie trug den Titel: „Portnoy's Mother's Complaint" (Die Beschwerden von Portnoys Mutter) von Pauline Bart. Eine junge Sozialarbeiterin beschreibt ihren Auftrag, sich einer fünfzigjährigen Frau anzunehmen, die soeben wegen schwerer Depressionen in ein Krankenhaus gebracht wurde. Bei dieser Frau zeigte sich ein extremer Fall des „Leeres-Nest-Syndroms". Ihre Kinder waren herangewachsen und fortgezogen, und sie fühlte sich der einzigen Rolle beraubt, die ihrem

Leben jemals Sinn gegeben hatte. Sie hatte derartige Depressionen bekommen, daß sie aus eigenem Antrieb ins Krankenhaus gegangen war. Das Faszinierende an der Befragung aber ist, daß „Mrs. Portnoy" (die vernarrte, aber abgewiesene Mutter) sich nicht wohl fühlt, wenn die Sozialarbeiterin ihr Fragen stellt. Sie will nicht einfach ihre Geschichte erzählen und sagen, wie undankbar und lieblos ihre Kinder sind. Sie beharrt darauf, der Sozialarbeiterin Fragen zu stellen: „Sind Sie verheiratet? Warum sind Sie so dünn? Leben Sie allein? Kochen Sie sich Ihre Mahlzeiten selbst? Sie sollten wirklich besser auf sich achtgeben, mehr Obst essen, an die frische Luft gehen. Hier, möchten Sie ein Stück Schokolade?"

Wenn sie gebeten wird, über ihr eigenes Leben zu sprechen, wirkt „Mrs. Portnoy" apathisch und deprimiert. Sie seufzt, sie zuckt die Achseln, in ihrer Stimme ist keine Begeisterung. Doch wenn sie den Spieß umdrehen und die Sozialarbeiterin „interviewen" kann, wird sie lebhaft. Sie kann sich nicht darauf freuen, daß ihre Kinder sie im Krankenhaus besuchen werden oder daß sie das Wochenende zu Hause verbringen darf, aber die Aussicht, mit der Sozialarbeiterin einkaufen zu gehen und ihr zu helfen, ein neues Kleid auszuwählen, erregt sie.

„Mrs. Portnoy" braucht jemanden, den sie bemuttern kann. Das ist das einzige Mittel, das sie kennt, um sich selbst als nützliche, kompetente Person zu verstehen. Sie hat das Bedürfnis, von Menschen umgeben zu sein, die sie brauchen und für ihren Rat dankbar sind. Als ihr letztes Kind das Zuhause verließ, war das für „Mrs. Portnoy", als sei sie aus dem einzigen Job „gefeuert" worden, den sie je gekannt hatte. Fünfzehn oder zwanzig Jahre früher, als es bei einem Mann der Fall wäre, muß sie sozusagen unfreiwillig „in Pension" gehen und die Verpflichtungen aufgeben, die ihrem Leben Sinn gaben. Ihre Depression und ihr Gefühl der Wertlosigkeit ähneln der Reaktion des älteren Arbeiters, der zwangsweise in Rente geschickt wird. Deshalb reagiert sie so auf das Erscheinen der jungen Sozialarbeiterin. „Wenn Sie mir wirklich helfen wollen", scheint sie zu sagen, „dann helfen Sie mir nicht, indem Sie meine Fallgeschichte aufnehmen und Hobbys für mich finden. Sie helfen mir, wenn Sie zulassen, daß ich Sie als Tochter adoptiere, mich um Sie kümmere, um Sie sorge und Sie berate. Das kann ich gut, das brauche ich, und, offen gesagt, so, wie Sie aussehen, könnten Sie davon profitieren. Also legen Sie Ihr Notizbuch weg, stellen Sie sich gerade hin, legen Sie nicht so viel Makeup auf, tragen Sie hellere Farben und nehmen Sie mich mit nach Hause, damit ich Ihnen eine Hühnersuppe kochen kann. Sie werden sehen, wir werden beide glücklicher sein."

Ein Leben ohne Menschen, ohne täglich dieselben Menschen, Menschen, die zu uns gehören, ohne Menschen, die für uns da sind, ohne Menschen, die uns brauchen und die auch wir brauchen, kann sehr reich an anderen Dingen sein, doch nach menschlichen Begriffen ist es überhaupt kein Leben.

An einem Sommertag saß ich einmal am Strand und beobachtete zwei Kinder, einen Jungen und ein Mädchen, die im Sand spielten. Sie waren damit beschäftigt, am Ufer eine komplizierte Sandburg mit Toren, Türmen, Gräben und inneren Gängen zu bauen. Als sie ihr Werk nahezu vollendet hatten, kam eine große Welle, überspülte es und ließ nur einen Hügel aus nassem Sand zurück. Ich erwartete, die Kinder würden in Tränen ausbrechen, untröstlich über die Zerstörung ihrer mühevollen Arbeit. Doch sie überraschten mich. Sie liefen ein Stück am Ufer hinauf, weg vom Wasser, lachten und hielten sich an den Händen, und dann setzten sie sich hin, um eine neue Burg zu bauen. Sie hatten mir eine wichtige Lektion erteilt. Alle Dinge in unserem Leben, all die komplizierten Strukturen, die zu schaffen wir so viel Zeit und Energie verwenden, sind auf Sand gebaut. Nur unsere Beziehungen zu anderen Menschen dauern. Früher oder später wird die Welle kommen und das zerstören, was wir so mühevoll erbaut haben. Wenn das geschieht, wird nur der Mensch, der die Hand eines anderen halten kann, darüber lachen.

Um wahrhaft menschlich zu sein, müssen wir bereit sein, den Panzer abzulegen, mit dem wir gewöhnlich durch die Welt gehen, damit sie uns nicht verletzen kann. Wir müssen bereit sein, Schmerz zu akzeptieren, oder wir werden nie wagen, zu hoffen oder zu lieben. Ohne die Bereitschaft zum Fühlen, auch zum Fühlen von Schmerz, werden wir nie die Freude kennenlernen, die der Prediger als eine der Hauptbelohnungen des Lebens bezeichnet. Wir müssen in unseren Seelen Raum schaffen für die tragische Seite des Lebens. Solange wir darauf beharren, daß es immer ein Happy-End gibt, bleiben wir Kinder, aufgebracht und wütend, wenn Gott auf unsere Schreie nicht antwortet und alles für uns in Ordnung bringt. Ich kann nicht viel Gutes über das Leiden sagen, aber es nimmt uns immerhin unsere Illusionen darüber, wie die Welt eigentlich funktionieren sollte.

Unser Sohn Aaron kam in der Woche zur Welt, in der Präsident John F. Kennedy erschossen wurde, und ich weiß noch, wie Daniel Patrick Moynihan nach dem Mord unter Tränen sagte: „Wenn Sie Ire sind, ist eines der ersten Dinge, die Sie lernen, daß diese Welt Ihnen früher oder später das Herz brechen wird." Das war auch eines der ersten Dinge, die ich aus der jüdischen Geschichte gelernt hatte, und im Laufe des kurzen Lebens unseres Sohnes sollte ich es noch persönlicher lernen. Ich beneide Menschen nicht, die die vierziger Jahre erreichen, ohne je eine schwere Krankheit, einen Todesfall oder ein Scheitern zu erleiden, weil ich weiß, daß einer der drei Schicksalsschläge sie später treffen wird. Und ich bin besorgt, sie könnten damit nicht fertig werden, weil sie es nie zuvor tun mußten. Die Sprache der Trauer, die Sprache des Fühlens überhaupt, ist wie jede Sprache erlernbar. Wir

146

lernen sie leichter, solange wir jung sind. Mumps oder Windpocken zu haben ist in keinem Alter angenehm, aber wenn man diese Krankheiten schon durchstehen muß, dann ist es besser, wenn man es schon früh hinter sich bringt und eine gewisse Immunität dagegen entwikkelt.

Warum nehmen sich jedes Jahr Hunderte von jungen Menschen das Leben, die scheinbar so vieles haben, für das sie leben könnten? Warum gibt es wahre „Epidemien" von Teenagerselbstmorden, oft in glücklichen Familien, wohlhabenden Gemeinden, die nicht unbedingt auf Verzweiflung oder Hoffnungslosigkeit zurückzuführen sind, sondern scheinbar zufällige Tragödien, die Familien erschüttern und Schulen und ganze Gemeinden in Angst versetzen? Mehr als durch jede andere Tragödie fühlen sich durch einen Selbstmord alle belastet und schuldig und fragen sich: „Was hätte ich tun können, um ihn zu verhindern?" Und doch geschehen Selbstmorde im ganzen Land in zunehmender Zahl. Die Geschichten, die hinter jedem dieser Vorfälle stehen, sind wirklich tragisch.

Warum haben übrigens ältere Menschen und Menschen in mittleren Jahren den Drang, sich selbst das Leben zu nehmen, und zwar oft dann, wenn sie sich mit einer Krankheit oder einem Skandal konfrontiert sehen? Ich vermute, daß die Antwort mit der Einstellung unserer Gesellschaft zum Schmerz zusammenhängt. Von Anfang an hat man uns beigebracht, daß es für jeden Schmerz eine Pille gibt, die wir einnehmen können, damit er nicht mehr weh tut. Eigentlich hat man uns ein schmerzfreies Leben versprochen. Wenn das nicht funktioniert, gibt uns unsere Unfähigkeit, mit irgendwelchen starken Emotionen, insbesondere Schmerz, umzugehen, das Gefühl von Verwirrung und Hilflosigkeit. Wir aber fühlen uns nicht gern hilflos. Wenn uns etwas zustößt, was weh tut, und wir den Schmerz nicht verhindern können – Krankheit,

Zurückweisung, Träume, die nicht in Erfüllung gehen –, dann wissen wir nicht, wie wir damit fertig werden sollen. Manchmal versuchen wir, ihn zu verleugnen oder so zu tun, als kümmere uns das nicht wirklich. Wenn wir uns selbst nicht täuschen können, wenn der Schmerz uns noch immer plagt, dann sind wir in Verlegenheit. Da manche Leute nie gelernt haben, mit dem Schmerz zu leben, sehen sie keinen anderen Ausweg als den, das Leben aufzugeben. Viele seelische Krankheiten sind ein Mittel, vor dem Schmerz der Realität zu entfliehen. Chronischer Alkoholismus kann oft ein Versuch sein, den Schmerz abzutöten. Doch am allertragischsten ist der Selbstmord eines Menschen, der geliebt wird, begabt ist und vieles hat, für das er leben könnte, aber all das vergißt, wenn er in die Zukunft blickt und mehr Schmerz auf sich zukommen sieht, als er zu bewältigen bereit ist.

Wir müssen lernen, daß Schmerz ein Teil des Lebens ist. Schmerz dauert nicht ewig und ist auch nicht notwendigerweise unerträglich, auch das müssen wir lernen.

Heranwachsende müssen wissen, daß gebrochene Herzen wie gebrochene Knochen zwar schrecklich weh tun, aber schließlich heilen und daß es ein Leben nach dem Schmerz gibt.

Menschen, die sich vor der Aufdeckung eines Skandals fürchten, brauchen die Versicherung, daß es Vergebung ebenso gibt wie Verdammung, daß es auf der Welt Menschen und einen Gott gibt, die fähig sind, zu vergeben und sogar die Unvollkommensten und Unzulänglichsten von uns zu lieben. Die unheilbar Kranken brauchen den Trost, daß wir sie umhegen und umsorgen und sie so ernst nehmen, wie wir es taten, als sie noch gesund waren. Doch am meisten von allem müssen wir unserer eigenen Fähigkeit vertrauen, Schmerz zu ertragen. Wir können sehr viel mehr aushalten, als wir glauben; alle menschliche Erfahrung beweist das. Wir brauchen nur zu lernen, uns vor dem Schmerz nicht zu fürchten. Beißen Sie die Zähne zusammen und lassen Sie es weh tun. Leugnen Sie den Schmerz nicht, lassen Sie sich nicht von ihm überwältigen. Er wird nicht ewig dauern. Eines Tages ist der Schmerz fort, und Sie sind noch immer da.

Der letzte Grund, der uns befähigt zu sagen: „Ich habe gelebt, und mein Leben war wichtig", ist das Wissen, daß wir etwas Bleibendes bewirkt haben. Ich vermute, das ist letzten Endes der Grund, warum Paul Tsongas sich dafür entschied, seine Zeit mit seinen Kindern zuzubringen statt im Senat. In der Politik konnte er nur auf eine kleine dauerhafte Wirkung hoffen. Zu Hause, das wußte er, würde sein Einfluß wesentlich und bleibend sein.

In der vielleicht besten psychologischen Studie über die Stadien, die Menschen durchlaufen, wenn sie heranwachsen, *Seasons of a Man's Life* (Knopf, 1978), schreibt Dr. Daniel Levinson über die bedeutende Rolle eines *Mentors*. Ein junger Mensch, der seine Laufbahn beginnt, hat großen Nutzen von einem Mentor, einem älteren Förderer, nicht alt genug, um eine Vaterfigur zu sein, aber vielleicht eine halbe Generation älter, jemandem, der sich auskennt und ihm beibringt, wie gewisse Dinge gemacht werden, jemandem mit genug Prestige und Einfluß, um ein persönliches Interesse an seiner Laufbahn zu nehmen. Der junge Mann oder die junge Frau, der bzw. die einen solchen Mentor findet, hat größere Chancen, erfolgreich zu sein.

Weiter unten in diesem Buch betrachtet Levinson den Prozeß aus der Sicht des Mentors. Er schreibt:

„Mentor für junge Erwachsene zu sein ist eine der bedeutsamsten Beziehungen, die einem Menschen im mittleren Erwachsenenalter zur Verfügung stehen. Die ausgeprägte Befriedigung des Mentors liegt darin, die Entwicklung junger Männer und Frauen zu fördern, ihre Bemühungen zu erleichtern, ihre Träume zu gestalten und auszuleben ... Es geht dabei um mehr als Altruismus: Der Mentor tut etwas für sich selbst. Er macht produktiven Gebrauch von seinem eigenen Wissen und seinen Fertigkeiten im mittleren Alter. Er erhält seine Verbindung mit den Kräften jugendlicher Energie in der Welt und in ihm selbst aufrecht. Er braucht den Empfänger seiner Mentorschaft ebenso, wie dieser ihn braucht."

Als ich achtundvierzig Jahre alt war, unternahm ich einen wichtigen Schritt, um meine Arbeit und meine Zeit neu zu ordnen, meine Verantwortlichkeiten bei der Leitung meiner Gemeinde zu verringern und einen Vollzeit-Rabbinatsassistenten einzustellen, der die Lehrtätigkeit und die seelsorgerische Aufgaben mit mir teilen sollte. Ich tat das aus zwei Gründen. Erstens hätte ich so mehr Zeit zu schreiben, Vorträge zu halten und mich meiner Familie so zu widmen, wie es für einen Vollzeit-Geistlichen oft schwer ist. Zweitens gab es mir die Möglichkeit, Mentor eines jüngeren Kollegen zu sein; auch ich hatte als Anfänger das Glück, einen älteren Mentor zu haben. Ich wollte jemanden neben mir haben, an den ich meine beruflichen „Kniffe" weitervermitteln konnte. Unsere Tochter sollte bald ins College eintreten, und wie „Mrs. Portnoy" brauchte ich jemanden, den ich anleiten und formen konnte.

Wir alle sind Lehrer, offiziell oder inoffiziell, nicht nur der Schullehrer oder der Collegeprofessor, die sich um ihre Schüler und Studenten bemühen, sondern auch der erfahrene Buchhalter oder der Fabrikarbeiter, der dem Neuankömmling Tips gibt. Der Einfluß auf einen anderen Menschen, eine geringfügige, aber wichtige Gestaltung seines Lebens ist eine der dauerhaftesten Befriedigungen, die es gibt. Wir lehren, weil wir das Bedürfnis haben zu teilen. Erik H. Erikson hat geschrieben, daß die Herausforderung dieser mittleren Jahre darin besteht, zwischen Kreativität und Stagnation zu wählen, entweder weiterhin etwas zu bewirken oder herumzusitzen und auf den Tod zu warten. Die Unfähigkeit, etwas zu bewirken, kann einen Menschen veranlassen, sich übermäßig mit sich selbst zu beschäftigen – mit seiner Gesundheit, seiner Beliebtheit, seinen Erinnerungen, seinen Enttäuschungen. Erikson fährt fort: „Der Mensch ist so angelegt, daß er es braucht, gebraucht zu werden, wenn er nicht seelisch deformiert oder selbstbezogen werden soll. Generativität äußert sich in Elternschaft, aber auch in Arbeit und kreativem Denken. Der Mensch muß lernen." (Erikson, *Insight and Responsibility,* Norton, 1964, S. 130.)

Wenn wir unser Leben als begrenzte Reserve ansehen – eine gegebene Anzahl von Lebensjahren, x-Millionen Atemzüge oder Herzschläge, ehe unsere Herzen versagen –, dann bringt uns jeder vergangene Tag und jedes Jahr der Zeit näher, in der wir die Reserve aufgebraucht haben. Kein Wunder, daß die Aussicht, älter zu werden, uns bestürzt. (In einer Kurzgeschichte, die ich einmal las, wird jemand gefragt, warum er so wenig zu sagen habe. Er antwortet, jeder von uns werde mit einer bestimmten Quote von Worten geboren, die er während seiner Lebenszeit sprechen dürfe, und wenn er sie verbraucht habe, müsse er sterben.)

Doch nehmen wir an, wir könnten das Leben nicht als den Verbrauch einer begrenzten Reserve ansehen, sondern als ein Ansammeln von Schätzen. Jeder neue Freund, den wir gewonnen, jede neue Wahrheit, die wir erkannt, oder jede Erfahrung, die wir gemacht hätten, würde uns reicher machen als je zuvor.

Mein Leben heute zählt mehr als vor fünf oder zehn Jahren, weil ich in dieser Zeit auf viele Arten gewachsen und reicher geworden bin. Der zweite Ehemann der Kriminalautorin Agatha Christie war der Archäologe Lord Mallowan. Jemand fragte sie einmal, wie es sei, mit einem Archäologen verheiratet zu sein, und sie antwortete: „Es ist wundervoll. Je älter ich werde, desto mehr interessiert er sich für mich." Man braucht kein Archäologe zu sein, um so zu empfinden. Je älter wir alle werden, desto interessanter werden wir als Menschen, weil die

Erfahrungen der vergangenen Jahre uns vertieft und bereichert haben.

Ein Freund meinte einmal, das Leben sei wie ein guter Wein, der mit dem Alter besser wird. Ich sagte ihm, mir gefalle an diesem Vergleich nicht, daß mit jedem Schluck von diesem Wein weniger übrigbleibt. Ich würde das Leben eher mit einem guten Buch vergleichen. Je länger man in ihm liest, desto geschlossener und sinnvoller wird das Geschilderte. Die Figuren entwickeln sich immer weiter, und die Bedeutung früherer Ereignisse wird klarer. Und wenn wir schließlich zum Ende kommen, stellt sich ein befriedigenderes Gefühl der Vollständigkeit ein.

Wenn Sie so wollen, ist das Leben ein Kunstwerk. Wenn wir seinen Details liebevolle Aufmerksamkeit gewidmet haben, werden wir auf das Ergebnis stolz sein können. Wie bringt es ein Künstler fertig, ein Bild zu malen oder eine Skulptur zu formen, ohne dabei zu wissen, ob irgendein Fremder ihm das Werk abkaufen und er nie erfahren wird, wieviel Freude es seinem neuen Besitzer macht? Wie kann ein Autor ein Buch schreiben, das von Fremden gelesen wird, Hunderte von Meilen von ihm entfernt, ohne jemals zu erfahren, welche Wirkung es auf sie hatte? Wenn wir die Atwort auf diese Frage kennen, dann verstehen wir, warum ein Mensch so angestrengt an seinem Leben arbeitet, daran, etwas daraus zu machen; er weiß nämlich genau, daß ihm sein Leben eines Tages genommen wird. Aber andere Menschen werden da sein und sich daran erinnern, wie gut es war.

Der Talmud sagt, drei Dinge sollte man im Laufe seines Lebens tun: ein Kind zeugen, einen Baum pflanzen und ein Buch schreiben. Drei Wege, unsere kreative Energie in Dinge zu investieren, die uns überdauern, die noch da sein werden, wenn wir fort sind, die das Beste darstellen werden, das in uns war. Sie bieten uns die Gewähr, daß unser Leben nicht umsonst war und die Welt tatsächlich besser geworden ist, weil wir sie durchschritten haben.

Was mich am Erfolg meines früheren Buches am meisten befriedigt, sind nicht die Honorare, die es mir eingebracht hat, und auch nicht die Tatsache, daß es in neun Sprachen übersetzt wurde und außerhalb der USA dreimal ein Bestseller wurde. Spionageromane und Klatschbiographien haben da mehr Erfolg. Was mich am meisten befriedigt, ist die Erfahrung, in eine Stadt zu kommen, in der ich noch nie war und niemanden kenne, einen Vortrag zu halten und hinterher von acht oder zehn Leuten zu hören: „Ihr Buch hat mein Leben verändert. Ohne es hätte ich das vergangene Jahr nicht überstanden."

Denken Sie noch einmal an den Autor der Predigten. Er hatte solche Angst, der Tod würde seinem Leben den Sinn rauben und es würde sein, als habe er nie existiert. Er hatte soviel Schwierigkeiten, sich der angenehmen Augenblicke seines Lebens zu erfreuen. Wir wissen nicht, ob er je Kinder hatte, aber wir wissen, daß er Bäume pflanzte und Gärten anlegte, die die Menschen noch lange nach seinem Tod bewunderten. Und natürlich schrieb er ein Buch, das noch Tausende von Jahren später die Menschen herausfordert und belehrt. Welche größere Befriedigung, welches größere Unsterblichkeitsversprechen könnte man sich wünschen?

Kapitel 10

Eine Frage, die offenbleibt

„Unter all meinen Patienten in der zweiten Lebens-
hälfte, das heißt über fünfunddreißig, war nicht einer,
dessen Problem nicht letztlich darin bestanden hätte,
zu einer religiösen Betrachtungsweise des Lebens zu
finden. Man kann ruhig sagen, daß jeder einzelne von
ihnen erkrankte, weil er das verloren hatte, was die
lebendigen Religionen aller Zeitalter ihren Anhängern
gegeben haben, und keiner von ihnen wurde wirklich
geheilt, der seine religiöse Betrachtungsweise nicht
wiederfand."
C.G. Jung, *Modern Man in Search of a Soul*

Wenn es vor fünfundzwanzig Jahrhunderten in Jerusalem Psychiater gegeben hätte, dann hätte der Prediger
durchaus zu einem von ihnen gehen und ihm sagen können: „Ich bin unglücklich, weil ich fühle, daß in meinem
Leben etwas fehlt. Ich fühle, daß ich nicht so konsequent
gut bin, wie ich sein sollte. Ich fühle, daß ich viel von meiner Zeit und meinen Talenten verschwende. Ich versuche
ständig, nach den Maßstäben zu leben, die ich mir selbst

gesetzt habe. Manchmal schaffe ich es beinahe, aber nie ganz. Ich habe das Gefühl, daß ich trotz aller Vorteile, die ich gehabt habe, mein Leben vergeudet habe." Und der Therapeut hätte erwidern können: „Sie verlangen zuviel von sich selbst. Seien Sie realistisch, schrauben Sie ihre Maßstäbe herunter. Sie sind schließlich nur ein Mensch." Der Prediger wäre, nachdem er die Praxis verlassen hätte, noch mehr von sich selbst enttäuscht gewesen, weil er keinen Trost aus diesem wohlmeinenden professionellen Rat ziehen konnte.

Doch das wäre vermutlich die falsche Reaktion gewesen. Ein Mann wie der Prediger braucht hohe Ziele. Damit sein Leben einen Sinn bekam, mußte er fühlen, daß er zu wichtigen Dingen berufen ist. Wir fühlen uns besser, wenn bedeutsame moralische Forderungen an uns gestellt werden. Wir spüren dann, daß wir als moralische Geschöpfe ernstgenommen werden. Man hätte ihm besser gesagt, daß Gott ihm vergibt, wenn er etwas versucht und scheitert, als ihm vorzuschlagen, er solle seine Bemühungen aufgeben und seine Forderungen an sich selbst verringern.

Ein junger Mann, der aus seinem konventionellen Mittelklasse-Elternhaus fortgelaufen war, um sich der Vereinigungskirche anzuschließen, wurde gefragt, warum er das getan habe. Er antwortete: „Mein Vater redet nur davon, ich solle ins College gehen und eine gute Stellung bekommen. Reverend Moore aber redet davon, ich solle ihm helfen, die Welt zu retten." Wir mißverstehen unsere Elternrolle, wenn wir unseren Kindern das Leben so leicht machen, daß sie sich nie bewähren müssen. Wir mißverstehen ebenso die menschliche Natur, wenn wir denken, wir würden den Menschen helfen, indem wir nicht sehr viel von ihnen erwarten. „Nur ein Mensch" sollte keine Entschuldigung für Faulheit, Unachtsamkeit oder Egoismus sein. Mensch zu sein ist eine große Sache, und Gott macht uns ein hohes Kompliment, wenn Er Forderungen an uns stellt, die Er an kein anderes Lebewesen stellt. Es mag schwer sein, gut zu sein angesichts all der Zerstreuungen und Versuchungen der Welt. Aber es ist viel schwerer, wenn man hört, es fehle einem die Voraussetzung zum Gutsein, und deshalb sei einem der Versuch erlassen.

Der Prediger fragte: „Was macht mein Leben wichtig? Was macht es zu mehr als zu einer vergänglichen Erscheinung, der Beachtung nicht wert, solange ich lebe, zum Vergessen bestimmt, sobald ich tot bin?" Seine Antwort lautete schließlich: „Ich kann keine Antwort geben, aber ich spüre instinktiv, daß das menschliche Leben mehr sein muß als die bloße biologische Existenz. Wenn ich bei meiner Arbeit oder mit meiner Familie glücklich bin, wenn ich liebe oder geliebt werde, wenn ich großzügig oder nachdenklich bin, dann fühle ich, daß etwas Bedeutsameres vorgeht als bloßes Lebendigsein. Ich fühle mich menschlich, und dieses Gefühl ist tiefer als Logik oder Philosophie."

Ich glaube, er hat recht, aber er ist nicht weit genug gegangen. Er hat zwar die Frage, was sein Leben wichtig mache, fast beantwortet, indem er auf Instinkte und vage Gefühle Bezug nimmt, aber er läßt eine große Frage unbeantwortet: Wenn das so ist, wer braucht dann Gott? Können wir die Frage nach dem letzten Sinn des Lebens stellen, ohne Gott zu erwähnen? Der Prediger ist von der organisierten Religion ebenso enttäuscht worden wie von Lust, Reichtum und Lernen. Also versucht er, seinem Leben ganz allein ein Fundament zu geben, und das gelingt ihm beinahe. Wenn er uns sagt, wir sollen unser Brot „mit Freuden essen", dann unterstreicht er seinen Rat mit dem Zusatz: „Denn dein Werk gefällt Gott." Spielt Gott bei all dem keine wichtigere Rolle, als in der Ferne zu stehen und unsere Handlungen aus der Ferne zu billigen? Der Prediger war ein hilfreicher Führer, aber er macht kurz vor dem letzten Schritt Halt, den wir tun müssen. Ohne ihn konzentriert sich die Suche nach dem Sinn des Lebens vor allem auf persönliche Vorlieben und Wunschdenken. Der Prediger hat einen mutigen Glaubenssprung getan, obwohl er keinen Beweis dafür hatte, daß das menschliche Leben sinnvoll ist, aber dieser Glaube bezog sich nur auf ihn selbst. Was wird die Grundlage seines Glaubens, die Grundlage für den Sinn seines Lebens sein, wenn er nicht mehr da ist, um ihn zu bestätigen?

Auf welche Frage ist Gott die Antwort? Wenn wir annehmen, daß Gott die Antwort auf die Frage ist: Lebt wirklich Jemand im Himmel? dann machen wir die Religion trivial und erschweren nachdenklichen Menschen, sie ernst zu nehmen und in ihr Hilfe zu finden. Die Existenz Gottes ist nicht das Thema, *Thema ist allein das, was Gott in unserem Leben bewirken kann.* Wenn wir behaupten, Gott sei die Antwort auf die Frage: Beobachtet mich Jemand da oben, führt Buch über alle meine Sünden und bereitet ein moralisches Zeugnis vor?, gestalten wir eine Religion mit, die sich auf Angst und unrealistischen Erwartungen gründet.

Was tut Gott für uns, um unser Leben über die Ebene bloßer Existenz hinauszuheben? Gott gebietet. Er erlegt uns ein Gefühl für moralische Verpflichtungen auf. Unser Leben wird wichtig, weil wir nicht auf der Erde sind, um nur zu essen, zu schlafen und uns fortzupflanzen, sondern um Gottes Willen zu tun.

Menschliche Wesen haben ein *Bedürfnis,* gut zu sein. Wir brauchen das Gefühl, als moralisch Wirkende ernstgenommen zu werden, und Gott zeigt uns, daß Er uns ernst nimmt, indem Er moralisches Verhalten von uns erwartet. Wir fühlen uns unwohl, wenn wir nicht unserer moralischen Natur entsprechend leben. Das mag der Grund sein, warum kleine Kinder, die etwas zerbrechen oder etwas Falsches tun, nicht eher zufrieden sind, bis sie entdeckt und bestraft wurden. Sie wollen nicht so davonkommen. Es ist vielleicht nicht angenehm, gescholten oder bestraft zu werden, doch es ist ein sehr viel schlimmeres Los, in einer Welt zu leben, der es egal ist, ob wir Gutes oder Böses tun. Vielleicht ist das auch der Grund, warum einige Kirchen- und Synagogengemeinden Predigten von „Feuer und Schwefel" zu genießen scheinen, in denen der Geistliche sie wegen ihrer Missetaten und Sünden schilt. Das bestätigt ihnen, daß Gott und Seine Priester ihnen hohe Maßstäbe gesetzt haben.

Viel ist nötig, um den Funken Gottes in unserer Seele auszulöschen und uns unempfindlich gegen die moralische Berufung zum Menschsein zu machen. Selbst Hitlers SS-Truppen brauchten periodische „Predigten", damit ihr Instinkt für Mitgefühl ihrer Aufgabe nicht in die Quere kam.

Unsere menschliche Natur ist so beschaffen, daß wir es ebenso brauchen, hilfreich, bedacht und großzügig zu sein, wie wir essen, schlafen und uns bewegen müssen. Wenn wir zuviel essen und uns zuwenig bewegen, fühlen wir uns außer Form. Selbst unsere Persönlichkeit ist davon betroffen. Und wenn wir egoistisch und falsch sind, hat das die gleiche Wirkung. Wir verlieren den Kontakt mit unserem wirklichen Selbst; wir vergessen, wie es ist, wenn man sich gut fühlt.

Erinnern Sie sich noch an die Geschichte Josephs in der Bibel? Als Joseph siebzehn war, wurde er von seinen eifersüchtigen Brüdern in die Sklaverei verkauft. Seinem bequemen, sicheren Leben als Lieblingssohn seines Vaters folgte plötzlich ein hartes, unsicheres Leben. Zwanzig Jahre lang träumte er von dem Tag, an dem er sich an seinen Brüdern rächen würde. Er ertrug die Einsamkeit und Ungerechtigkeit, indem er sich vorstellte, wie er seine Brüder betteln und knien und um Gnade flehen lassen würde, wie sie es mit ihm getan hatten. Und in seiner Phantasie genoß er jede einzelne Sekunde dieser Vorstellung.

Eines Tages geschah es dann. Im Lande Kanaan herrschte Hungersnot. Nur in Ägypten war Korn zu bekommen. Joseph war Landwirtschaftsminister des Pharao geworden und hatte die Aufgabe, dieses Korn zu verteilen. In dieser Situation erschienen seine Brüder vor ihm. Er erkannte sie, doch sie erkannten ihn nicht. Der Augenblick war gekommen, von dem er zwanzig Jahre lang geträumt hatte. Nun hatte er sie in der Hand. Jetzt würde er ihnen heimzahlen, was sie ihm angetan hatten. Doch als er sie zu quälen begann und ihnen androhte, er werde einen von ihnen als Sklaven behalten und sie anklagen, Spione zu sein, geschah etwas sehr Seltames. In seinen Träumen hatte er Freude empfunden, sie zu verletzen, sich an ihnen zu rächen. Doch in der Wirklichkeit wurde alles anderes. Er mochte nicht die Person sein, zu der er wurde. Er, der seine Brüder haßte, weil sie grausam und hartherzig waren, konnte es nicht ertragen, selbst auch grausam und hartherzig (und damit hassenswert) wie sie zu werden (oder vielmehr so, wie sie vor zwanzig Jahren gewesen waren). Joseph entdeckte, daß die menschliche Seele nicht für Eifersucht und Rache geschaffen ist. Indem er gegen seine eigentliche Natur handelte, fühlte er sich immer unwohler, bis er schließlich zusammenbrach, weinte und seinen Brüdern sagte, wer er war.

Es ist gut möglich, daß Egoismus, Zynismus, Argwohn gegen andere Menschen nicht nur unmoralisch und eine Beleidigung Gottes sind. Sie sind vielleicht auch ungesund und zerstörerisch für uns selbst. 1984 wurde am medizinischen Zentrum der Duke-Universität eine Studie durchgeführt über die Verbindung zwischen dem „Verhaltenstyp A" (der ungeduldige, schwer arbeitende, stark wettbewerbsorientierte Mensch) und Herzerkrankungen. Die Hypothese, von der man ausging, lautete, daß Persönlichkeiten des Verhaltenstyps A wahrscheinlich mehr Probleme mit Blutdruck und Koronararterien haben würden als der Durchschnitt. Man stellte aber fest, daß einige Personen des Verhaltenstyps A gesünder waren als der nationale Durchschnitt und bei den Herausforderungen und dem Wettbewerb in ihrem Leben zu gedeihen schienen. Diejenigen Personen vom Typ A aber, die wettbewerbsorientiert und aggressiv waren, weil sie glaubten, die meisten Menschen ihrer Umgebung seien Lügner und Betrüger und sie müßten sich dem anpassen und lügen, um nicht ausgenützt zu werden, waren ständig angespannt und argwöhnisch und lagen ständig im Streit mit den Menschen ihrer Umgebung; ihre Arterien- und Blutdruckwerte waren dementsprechend.

Ebenso wie der menschliche Körper so angelegt ist, daß gewisse Nahrungsmittel und gewisse Arten von Tätigkeiten für uns gesünder sind als andere, hat Gott, wie ich glaube, auch die menschliche Seele so geschaffen, daß gewisse Arten von Verhalten für uns gesünder sind als andere. Eifersucht, Selbstsucht und Argwohn vergiften die Seele; Ehrlichkeit, Großzügigkeit und Heiterkeit heilen sie. Wir fühlen uns buchstäblich besser, wenn wir uns die Mühe gemacht haben, jemandem zu helfen.

Gott ist die Antwort auf die Frage: Warum sollte ich ein guter und ehrlicher Mensch sein, wenn ich sehe, daß die Leute um mich herum ungestraft bei Mord davonkommen? Gott ist die Antwort, nicht weil Er eingreifen wird, um die Guten zu belohnen und die Bösen zu bestrafen, sondern weil Er die menschliche Seele so geschaffen hat, daß nur ein gutes und ehrliches Leben uns das Gefühl gibt, geistig gesund und menschlich zu sein.

Der Biologe Lewis Thomas schrieb, das große Naturgesetz für alle lebenden Wesen sei nicht das Überleben des Tauglichsten, sondern das Prinzip der Kooperation. Pflanzen und Tiere überleben nicht, indem sie ihre Nachbarn im Wettbewerb um Nahrung und Licht besiegen, sondern indem sie lernen, mit ihren Nachbarn so zu leben, daß alle gedeihen. Gott ist die Kraft, die uns bewegt, uns über die Selbstsucht zu erheben und unseren Nachbarn zu helfen, ebenso wie Er sie anregt, die Selbstsucht zu überwinden und uns zu helfen. Gott läßt uns über uns selbst hinauswachsen, wie die Sonne die Pflanzen und Bäume höher wachsen läßt. Gott beruft uns dazu, mehr zu sein, als wir anfangs waren.

Vor einiger Zeit wurde bei dem einundzwanzigjährigen Sohn von Freunden Knochenkrebs festgestellt. Seine Eltern mußten ihn dreitausend Meilen von Zuhause in ein Krankenhaus in Seattle bringen; dort wurde der verzweifelte Versuch unternommen, ihn mit einer neuen, experimentellen Therapie zu behandeln. Als das Problem dieser Familie sich herumsprach, geschahen einige erstaunliche Dinge. Clubs organisierten Spendensammlungen, um die Unkosten aufzubringen. Eines der feinsten Hotels von Seattle gab der Familie kostenlos Unterkunft, während der Junge im Krankenhaus war; in Restaurants wurden sie bedient, ohne dafür bezahlen zu müssen.

Der Gouverneur von Massachusetts schaltete sich ein, um ihre Krankenversicherung zu veranlassen, die Kosten für die als experimentell geltende Behandlung zu übernehmen. Mancher mag hier fragen: Warum ließ Gott zu, daß ein Einundzwanzigjähriger an Krebs erkrankt? Ich neige eher zu der Frage: Was veranlaßt Menschen, auf Tragödien mit solcher Großzügigkeit und solchem Mitgefühl zu reagieren, wenn nicht Gott? Die Skeptiker und Agnostiker können das Böse in der Welt erklären, indem sie Gottes Rolle bei den Angelegenheiten der Menschen leugnen. Aber wie erklären sie das Gute? Sie haben Grausamkeit und Verbrechen erklärt, aber wie erklären sie Großzügigkeit, Freundlichkeit, Mut und Selbstaufopferung, wenn nicht Gott auf uns einwirkt, wie die Sonne auf die Blume einwirkt, indem sie sie wachsen und blühen und ihr schönstes inneres Selbst entfalten läßt?

Gott gibt uns Hoffnung auf eine Art, wie kein Mensch es vermag. Unter den Menschen gilt Murphys Gesetz:

Alles, was schiefgehen kann, wird schiefgehen. Aber auf göttlicher Ebene gibt es ein anderes, entgegengesetztes Gesetz: Alles, was zurechtgerückt werden sollte, wird früher oder später zurechtgerückt. Gott ist die Antwort auf die Frage: Warum soll man versuchen, die Welt besser zu machen, wenn Probleme wie Krieg, Hunger, Ungerechtigkeit und Haß so verbreitet und hartnäckig sind, daß ich in meinem ganzen Leben kaum etwas dagegen tun kann? Gott versichert uns auf eine Weise, die keinem Sterblichen möglich ist, daß das, was wir zu unseren Lebzeiten nicht erreichen können, jenseits unserer Lebensspanne vollendet werden wird, und zwar teilweise aufgrund dessen, was wir zu unseren Lebzeiten getan haben. Menschen mögen sterblich sein und nur für einige Jahre auf der Erde verweilen, aber Gottes Wille ist ewig. Der Prediger sorgte sich: Welchen Sinn hat alles Gute, das ich tue, wenn ich sterbe und all meine guten Taten vergessen werden? Die Antwort lautet, daß gute Taten nie vergeudet sind und nicht vergessen werden. Was in einer Lebensspanne nicht erreicht werden kann, wird geschehen, wenn eine Lebensspanne mit einer andern verbunden wird. Menschen, die einander im Leben nie kannten, werden Partner im Bewirken des Guten, weil der Ewige Gott ihren Taten ein Maß an Ewigkeit gibt.

Ich habe auf den kanadischen Rockies gestanden und die Schluchten gesehen, die Flüsse in das Felsgestein gegraben haben. Dem zufälligen Betrachter könnte es scheinen, als sei nichts auf der Erde härter als Fels und nichts leichter abzulenken als Wasser. Doch im Lauf der Jahrhunderte hat das Wasser die Schlacht gewonnen, hat sich in den Fels eingeschnitten und diesen umgeformt. Kein einzelner Wassertropfen ist stärker als Fels, aber alle zusammen haben zu dem Sieg beigetragen.

Welche Fragen belasteten den Prediger, auf die Gott die Antwort hätte sein können? Im Herbst 1952 absolvierte ich mein zweites Jahr an der *Columbia University*.

Ich war zu jung, um zu wählen, aber alt genug, um die Präsidentschaftswahl mit Interesse zu verfolgen. Obwohl Dwight Eisenhower damals Rektor von Columbia war, stimmten die meisten meiner Kommilitonen für den Demokraten Adlai Stevenson. (In Princeton, Stevensons Alma Mater, waren die Studenten für Eisenhower.)

Doch wenn ich mich der Wahl von 1952 erinnere, denke ich nicht zuerst daran, daß Eisenhower gewann und Stevenson verlor, sondern daß Robert Taft so kurz darauf starb.

Für eine ganze Generation war Senator Robert Taft aus Ohio das Gewissen der Republikanischen Partei gewesen, die Verkörperung ihrer Prinzipien als Alternative zum New Deal. Sein lebenslanger Ehrgeiz war es, Präsident der Vereinigten Staaten zu werden wie sein Vater, William Howard Taft. Da die Demokraten nach zwanzig Jahren Amtszeit selbstgefällig und von Skandalen erschüttert waren und außerdem den unpopulären Krieg in Korea am Hals hatten, sah es aus, als würde es 1952 soweit sein. Doch in jenem Sommer votierte die Republikanische Partei für Eisenhower, für Millionen ehemalige GI's und andere Amerikaner ein Kriegsheld. Taft starb kurz nach Eisenhowers Amtseinführung.

Damals konnte ich es kaum begreifen, daß ein Mann wie Taft im Sommer 1952 gesund genug gewesen war, um die Nominierung als Präsidentschaftskandidat anzustreben, nur ein paar Monate später an Krebs sterben konnte. Ich begann zu vermuten, es müsse ein Zusammenhang zwischen dem Zusammenbruch seines lebenslangen Traumes und dem Zusammenbruch seiner Gesundheit kurz danach bestehen.

Wie leben Sie weiter, wenn Sie das Gefühl haben, Ihr ganzes Leben sei ein Mißerfolg gewesen; wenn Sie gestehen müssen, daß Sie das Ziel, für das Sie gearbeitet und von dem Sie geträumt haben, nie erreichen werden; wenn Sie zu alt sind, sich ein neues Ziel zu suchen; und wenn Sie sich in den Ihnen verbleibenden Jahren auf nichts mehr freuen können, sondern nur täglich daran erinnert werden, daß Sie gescheitert sind? Welchen Sinn hat es dann noch zu leben, wenn Sie Ihr ganzes Leben lang nur eine gute Ehefrau und Mutter für Ihre Lieben sein wollten und sich dann im mittleren Alter ohne eigene Schuld geschieden oder verwitwet wiederfinden? Oder Ihre Kinder sind ganz anders geworden, als Sie gehofft hatten? Wo finden Sie dann die Stärke, weiter in die Zukunft zu gehen, wenn Ihr Traum darin bestand, erfolgreicher zu sein als Ihr Vater, mehr Geld zu verdienen und einen höheren Status zu erreichen, damit er endlich zugeben müßte, daß Sie alles haben, was man dazu braucht? Und nun stehen Sie vor der Tatsache, daß Sie es nie schaffen werden. Wie leben Sie dann mit Ihrem zerbrochenen Traum? Ist Gott denn die Antwort auf diese Frage? Unter anderem ist Er die Antwort auf: „Wie kann ich weiterleben, wenn ich das Gefühl habe, mein Leben sei ein Fehlschlag gewesen." (I Samel 16:17). Die verweltlichte menschliche Gesellschaft, Menschen ohne Gott, kann nur nach Ergebnissen, nach Leistungen urteilen. Haben Sie gewonnen oder verloren? Haben Sie es geschafft oder versagt? Weisen Sie Gewinn oder Verlust auf? Doch nur Gott allein kann uns aufgrund dessen beurteilen, was wir sind, nicht dessen, was wir getan haben. In einer verweltlichten Gesellschaft zählen nur Taten, und so zählen auch Menschen nur dann, wenn sie produktiv und erfolgreich sind. Wenn jemand bei einem Unfall umkommt oder zum Krüppel wird, wie bemessen wir dann den Schaden, der ihm zugefügt worden ist? Wir rechnen seine verlorene Verdienstfähigkeit aus. Teenager und alte Leute werden in unserer Gesellschaft zum Problem, weil sie leben, atmen und essen, aber nicht produktiv sind. Sie *tun* nichts. Eine Collegeausbildung wird nicht deshalb empfohlen, weil sie unsere Seele vertieft und uns hilft, das Leben zu verstehen, sondern weil sie die Verdienstmöglichkeiten verbessert. So schreibt Eugene Borowitz: „Wir fürchten uns vor dem Altwerden, weil wir dann nicht mehr nützlich sind, d.h. fähig, Dinge zu tun, die anderen zeigen, daß wir Wert haben. Wir setzen unseren Wert mit unserer Leistung gleich."

Wenn wir die Menschen nicht mit Gottes Maßstab messen können, können wir sie nur nach menschlichen Maßstäben bewerten: Sind sie *nützlich?* Die Frau, die nicht mehr attraktiv ist und die Jahre des Gebärens hinter sich hat, der Mann, der keine Kraft mehr hat, seine Verkaufsquoten zu steigern, sind nicht mehr nützlich, und deshalb existieren sie als Menschen am Rande der Gesellschaft. Aber wo Menschen nur das sehen, was sichtbar und meßbar ist, sieht Gott in unser Herz. Er vergibt uns nicht nur unsere Mißerfolge. Er sieht Erfolge, wo niemand sonst sie sieht, nicht einmal wir selbst. Nur Gott kann uns die bösen Worte zugute halten, die wir nicht sprachen, die Versuchungen, denen wir widerstanden, die Geduld und Freundlichkeit, die von unserer Umgebung kaum wahrgenommen und längst vergessen wurden. Einfach menschlich zu sein gibt uns in Seinen Augen einen gewissen Wert, und der Versuch, integer zu leben, macht uns erfolgreich vor Ihm.

Gott hätte 1952 zu Robert Taft wie 1984 zu Paul Tsongas sagen können: „Also wirst du nicht Präsident werden. Die meisten anderen Leute auch nicht. Aber betrachte die sehr realen und gehaltvollen Leistungen deines öffentlichen und deines persönlichen Lebens. Sie sollten dir das Gefühl geben, erfolgreich zu sein. Nicht mehr nominiert zu werden sollte dich nicht veranlassen, dich als Versager zu betrachten. Doch wenn du den Glauben an dich selbst verlieren würdest, weil du nur einen Teil von dem tun konntest, was du im Leben wolltest, und nicht alles, wenn du aufgrund dieser Niederlage deine Siege aus den Augen verlieren würdest – dann wärest du gescheitert."

Eugene Borowitz hat geschrieben:

„Wir haben die Möglichkeit tiefen oder dauerhaften Scheiterns nicht vorhergesehen. Wir konnten nicht glauben, daß unsere besten Gedanken zu klein, unsere Pläne unzulänglich, unser Charakter gemein, unser Wille pervers sein könnten. Und ganz bestimmt haben wir nicht erwartet, daß wir mit gerechtem Handeln auch Übel schaffen können, manchmal so große Übel, daß sie das Gute zu überwiegen schienen, das wir getan hatten. Das Ergebnis ist nicht nur moralisches Unwohlsein, sondern eine Zeit, in der sich inmitten der größten Freiheit und des größten Wohlstandes, die die Menschen je gekannt haben, unser allgemeines psychiatrisches Problem von den Schuldgefühlen auf die Depression verschoben hat. Da wir unsere Mißerfolge kennen, können wir nicht wirklich an uns glauben. Wir können nicht einmal das Gute tun, das in unserer Macht liegt, weil der Mißerfolg uns überzeugt hat, daß nichts, was wir überhaupt tun könnten, irgend etwas wert ist. Wenn die Religion der gottlosen Gesellschaft beibringen könnte, Mißerfolg anzunehmen, ohne davon gelähmt zu werden, und nach Vergebung zu streben, ohne unser Verantwortungsgefühl abzuschwächen, könnten wir die Niedergeschlagenheit und moralische Schlaffheit beenden, die gegenwärtig unsere Zivilisation tränken … Wenn die Religion unserer Gesellschaft ein Gefühl persönlicher Würde wiedergeben könnte, würde sie das Fundament sichern, auf dem jede Hoffnung, die Moral unserer Zivilisation wieder aufzubauen, ruhen muß." *(Journal of Ecumenical Studies,* Sommer 1984)

Gott befreit uns von dem Gefühl des Versagens und der Angst vor dem Versagen, weil Er uns so sieht, wie kein menschliches Auge uns sehen kann. Einige Religionen lehren, Gott sieht uns so klar, daß Er all unsere bösen Gedanken und unsere tiefsten Geheimnisse kennt. Ich glaube lieber, Gott sieht uns so klar, daß Er besser als jeder andere unsere Wunden und Sorgen kennt, die Narben in unseren Herzen, die dadurch entstanden, daß wir es besser machen wollten. Von den Menschen aber mußten wir hören, das könnten wir nie.

Ist es von Bedeutung, wie ich lebe? Macht es einen Unterschied, ob ich ein guter, ehrlicher, treuer, mitfühlender Mensch oder nicht bin? Für mein Bankkonto oder meine Chancen auf Ruhm und Reichtum scheint es keinen Unterschied zu machen. Doch früher oder später lernen wir, wie es auch der Prediger lernte, daß es nicht auf diese Dinge wirklich ankommt. Es kommt darauf an, daß wir uns selbst treu sind, unserer angeborenen menschlichen Natur, die Ehrlichkeit und Freundlichkeit fordert. Es kommt darauf an, daß wir unser Leben mit anderen teilen, unsere und ihre Welt verändern, statt nur für uns selbst zu leben. Es kommt darauf an, daß wir die Freuden des Alltags, Essen und Arbeit und Liebe und Freundschaft als Begegnungen mit dem Göttlichen erkennen, Begegnungen, die uns nicht nur lehren, daß Gott real ist, sondern auch, daß wir real sind. Das sind die Dinge, die wirklich wichtig sind.

In der jüdischen Tradition feiern wir immer im Herbst einen Feiertag, der als Sukkoth, als Laubhüttenfest, bekannt ist. Es ist ein altes Erntefest aus der Zeit, in der die Israeliten Bauern waren und jeden Herbst ein Dankfest feierten, wenn die Ernte eingebracht war. Tatsächlich ist es der Prototyp unseres amerikanischen *Thanksgiving-* oder Erntedankfestes. Es ist aber auch eine Erinnerung an Gottes schützende Fürsorge für Israel während der vierzig Jahre in der Wildnis zwischen Ägypten und dem Gelobten Land.

Wir feiern Sukkoth damit, daß wir einen kleinen Anbau an unseren Häusern errichten, nur ein paar Bretter und Zweige, und in der Festwoche Freunde einladen, um mit ihnen Wein zu trinken und Früchte zu essen. Sukkoth ist die Feier der Schönheit der Dinge, die nicht dauern; der kleinen Hütte, die gegen Wind und Regen sehr anfällig ist (unsere bricht regelmäßig einen oder zwei Tage nach dem Aufbau zusammen) und am Ende der Woche abgebaut wird; der reifen Früchte, die verderben, wenn sie nicht gleich gepflückt und gegessen werden; der Freunde, die vielleicht nicht so lange bei uns bleiben, wie wir es uns gewünscht hätten; und, in nördlichen Gegenden, der Schönheit der Blätter, die sich verfärben, wenn sie zu sterben und von den Bäumen zu fallen beginnen. Das Laubhüttenfest wird im Herbst gefeiert. Der Sommer ist vorüber, und manchmal sind die Abende so kühl, daß sie schon den Winter ankündigen. Sukkoth soll uns sagen, daß die Welt voll von guten und schönen Dingen ist, Speisen und Wein, Blumen und Sonnenuntergängen und Herbstlandschaften und guter Gesellschaft, um sie miteinander zu teilen, daß wir sie aber gleich genießen müssen, weil sie nicht dauern. Sie warten nicht, bis wir mit anderen Dingen fertig sind und sie an die Reihe kommen. Es ist eine Zeit, um „das Brot mit Freuden" zu essen und den Wein „mit gutem Mut" zu trinken, und zwar nicht, obwohl das Leben nicht ewig dauert, sondern gerade deswegen. Es ist Zeit, um das Glück mit denen zu teilen, die wir lieben, und um zu erkennen, daß wir in einer Zeit unseres Lebens stehen, in der heute genießen mehr bedeutet, als sich über Morgen den Kopf zu zerbrechen. Es ist eine Zeit, um die Tatsache zu feiern, daß wir endlich gelernt haben, was es mit dem Leben auf sich hat und wie man das Beste daraus macht. Die besondere Schriftlektüre, die während des Laubhüttenfests in der Synagoge dem Studium dient, ist das Buch des Predigers.